EMMANUEL

APPARITION
DU CHRIST
AU
CALVAIRE DE VERDELAIS
près Bordeaux

PAROLES DU CHRIST — CALAMITÉS PRÉDITES — ROYAUME DE DIEU
PROPHÉTIES — ANTECHRIST — FIN DU MONDE
DERNIER JUGEMENT — NOUVEAU CIEL ET NOUVELLE TERRE

PROPHÉTIE SUR LA FRANCE

BORDEAUX
CHEZ TOUS LES LIBRAIRES ET DANS TOUTES LES VILLES DE FRANCE

M DCCC LXXII

PROPRIÉTÉ :
Tous droits de reproduction ou de traduction réservés.

APPARITION DU CHRIST

AU

CALVAIRE DE VERDELAIS [1]

PREMIÈRE VISION

I

1 — Je priais aux pieds de la grande croix sur la montagne où la piété des hommes a élevé au Christ crucifié le monument de son souvenir et de son amour.

2 — Je priais pour mon pauvre pays livré à tant de maux, pour le monde emporté comme par le tourbillon des colères de Dieu.

3 — Je priais aussi pour moi, car tout homme a sa douleur à déposer aux pieds d'une croix, aux pieds du Dieu qui seul console et fortifie.

---

[1] Verdelais est un charmant et tranquille village, presque sur les bords de la Garonne et à peu de distance de Bordeaux. Une montagne le domine. Sur cette montagne on a érigé depuis peu de temps un Calvaire d'une rare beauté : c'est de ce Calvaire dont il est fait ici mention.
(*Note de l'Éditeur.*)   H. F.

4 — Et ainsi j'étais prosterné dans la foi de mon cœur. Il n'y avait au-dessus de moi que le ciel bleu où passaient les premières nuées de l'automne, et le grand Christ qui étendait ses bras et qui, comme moi, semblait prier.

5 — Et je m'enivrais en cette contemplation, et pas un souffle n'était dans l'air, et pas un bruit dans la campagne. On eût dit que Dieu avait dit à toutes choses de demeurer dans le silence, afin d'écouter la prière qui montait vers lui.

6 — Et peu à peu une émotion inconnue, étrange, me saisissait. Mes yeux, par moment, s'éblouissaient sous des clartés rapides, et un frisson passait sur ma chair.

7 — Et toujours je regardais le Christ qui était en croix et dont les yeux étaient élevés vers le Ciel.

8 — Et je sentis quelque chose qui descendait jusque mon cœur .. comme un souffle chaud .. et en même temps je ne sais quoi de glacé qui passait sur mon front.

9 — Et une sueur froide venait sur toute ma chair... et des larmes m'étant montées aux yeux, mon cœur se dégonfla et je pleurai abondamment.

10 — De quoi je pleurai? Je ne le sais. De quoi mon cœur était-il ainsi ému? Je ne le sais. Etait-ce le toucher ou la présence de Dieu? Etait-ce son approche?

11 — Et après que j'eus longtemps pleuré, il se fit en moi une autre sensation. Ce fut comme une secousse intérieure. Je me prosternai et je criai : Mon Dieu ! J'avais senti sur mon esprit l'esprit de Dieu.

12 — Et comme je regardais de nouveau vers la croix où était l'image du Christ crucifié, je la vis qui se détachait lentement et descendait doucement et comme sans mouvement au-dessus de moi.

13 — Et je me cachai la face de mes mains, car j'éprouvais un grand trouble et une grande crainte. Et je voyais une lumière divine qui était entre moi et le Christ.

14 — Et j'entendais comme un souffle que je ne sentais point, et une douce et tiède chaleur qui n'était semblable ni à celle qui est dans le Ciel, ni à celle qui est dans la chair d'aucun homme.

15 — Et mes yeux s'ouvrirent malgré moi, et tout proche au-dessus de moi et supporté dans l'air éblouissant par je ne sais quelle force, était le Christ, les bras étendus comme sur la croix ; et je vis sa chair et son sang... et je vis les plaies de ses mains, de ses pieds et de son côté qui étaient ouvertes, et je vis le mouvement de son souffle dans sa chair... mais aucun autre mouvement n'était sur lui ni en lui.

16 — Et je vis que ses yeux me regardaient avec douceur et compassion, mais ne remuaient point comme fait le regard de l'homme, et je ne pouvais me détacher de cette vision et je sentais une force qui venait du Christ et qui attirait mon âme. Et on eût dit que mon âme voulait s'échapper de moi et monter vers celui qui l'avait appelée.

17 — Et aussitôt une nuée sombre descendit du ciel et elle enveloppa le Christ et la croix, et toute la montagne de ténèbres. Et j'éprouvai de nouveau une grande crainte.

18 — Et en même temps, mais après que la nuée se fut étendue, j'entendis distinctement ces paroles :

19 — JE SUIS LA SAGESSE ET LA VIE. CELUI QUI CROIT EN MOI NE PÉRIRA POINT.

20 — IL TE MANQUE UNE CHOSE : VENDS CE QUE TU AS, DONNES-EN LE PRIX AUX PAUVRES ET SUIS-MOI.

21 — Et cette voix je l'avais auparavant entendue souvent dans mon esprit et toujours j'avais résisté. — Mais jamais mes oreilles ne l'avaient entendue.

22 — Et la voix parla encore. Mais je ne compris point ce qu'elle disait parce qu'elle s'éloignait de moi, et que mon âme était toute troublée.

23 — Et tout à coup les ténèbres se dissipant, le ciel redevint bleu et je vis le Christ qui était sur la croix ainsi qu'il était lorsque je priais. Mais il me semblait que son visage était plus doux et que ses yeux toujours me regardaient.

24 — Et mon cœur de nouveau se gonfla d'un flot de larmes, et je me sentis soulagé et fortifié.

25 — Et au pied de la croix je fis un serment. Je promis d'obéir à la voix de Dieu qui m'avait commandé.

26 — Et comme je descendais de la montagne, les yeux et le cœur élevés vers le ciel et dans une grande joie.

27 — Mon esprit se troubla de nouveau en ses profondeurs, et il me sembla qu'un voile se levait de dessus lui et qu'une autre vue m'était donnée.

28 — Mais encore je ne voyais rien de distinct, mais comme un grand nombre d'images qui se heurtaient et se mêlaient devant moi.

29 — Et je sentais que mon heure n'était point encore venue et que c'était Dieu seulement qui entrait en possession de mon esprit.

30 — Et étant revenu, et durant plusieurs mois, je fis le partage d'une partie de ce que j'avais à ceux que le Seigneur me faisait trouver et qui étaient pauvres. Et ainsi je soulageai beaucoup de misères, ne m'inquiétant que d'une chose : Obéir à celui qui m'avait commandé.

31 — Et je n'avais aucune crainte pour le lendemain. Car je savais que c'était Dieu même qui m'avait parlé et que si je tombais en nécessité, lui-même me secourrait.

32 — Et la joie était sans cesse dans mon cœur, et à chaque charité que j'accomplissais je sentais que mon âme se rapprochait de Dieu et ma joie devenait plus grande encore.

33 — Et je me retirai dans la solitude et loin du commerce des hommes, et c'est là que j'entendis les voix de l'avenir et que j'ai écrit tout ce que Dieu, par sa grâce, révélait à la faiblesse de mon esprit.

DEUXIÈME VISION

1 — Or, un peu de temps s'était passé depuis ces choses. Et mon cœur demeurait sans cesse dans la pensée de Dieu.

2 — Et une nuit, m'étant endormi d'un sommeil profond, je ne sais quoi me secoua de ce sommeil, ainsi que fait le toucher de Dieu.

3 — Et m'étant levé sur mon séant, et ayant ouvert les yeux, je vis une grande lumière qui était autour de moi.

4 — Et dans cette lumière était un homme debout et immobile.

5 — Et cet homme avait des vêtements blancs et comme transparents. Il portait au front une couronne d'épines, et à l'endroit du cœur était une plaie ouverte.

6 — Et on eût dit que son corps était aussi fait de lumière, tant il en était éblouissant. Et son visage était doux et triste.

7 — Et s'étant approché de mon lit, et je n'entendis point le bruit de ses pas ; puis ayant étendu lentement et en priant ses mains au-dessus de mon front comme pour me bénir, il dit :

8 — JE SUIS LE CHRIST.

9 — Et tout mon corps trembla. Et il me sembla qu'une lumière aussi descendait dans mon âme pour m'éclairer.

10 — Et le Christ abaissant les mains dit :

11 — AUSSI TU SERAS CHRIST.

12 — Et je sentis comme une douce chaleur qui environnait mon front et allait jusqu'à mon cœur.

13 — Et mon esprit répondit en moi-même : Seigneur, que ta volonté soit faite.

14 — Et le Christ dit encore :

15 — Crois-tu en moi ?

16 — Et je répondis : Oui, Seigneur, je crois que

tu es le Verbe de Dieu venu sur la terre pour apprendre la vérité et la justice aux hommes.

17 — Et il dit de nouveau : M'aimes-tu?

18 — Et je répondis ? Oui, Seigneur, je t'aime, car tu es l'amour.

19 — Et aussitôt j'entendis au-dessus de moi un concert lointain et harmonieux ; et je vis que les lumières qui m'environnaient se formaient en rayons et montaient de la terre aux cieux.

20 — Et le Christ dit : Je t'ai choisi ainsi que mon Père m'a choisi pour préparer la voie de mon Père parmi les hommes, car le jour de mon Père est proche.

21 — Et je dis : Christ, que faut-il que je fasse?

22 — Et le Christ dit :

23 — **TU SERAS PROPHÈTE.** Tu souffriras de beaucoup de maux et de persécutions à cause de moi. Les hommes t'appelleront menteur ; d'autres te tourneront en dérision : Car de tous temps ils ont méprisé les prophètes.

Crains-tu ?

24 — Et je dis : Je ne crains rien si tu es avec moi ?

25 — Et le Christ dit : Je serai auprès de toi et en toi. J'ouvrirai devant tes yeux les voiles de l'avenir. Je t'apprendrai les secrets de la terre et les mystères des cieux. Je t'envoie comme une brebis à travers les loups. Mais tu ne t'inquiéteras point.

26 — Si on te traînes devant les tribunaux des

hommes et leur justice, tu penseras à la justice de Dieu, car il n'y a qu'une justice, celle de ton Père qui est dans les cieux.

27 — Tu ne te tourmenteras point de tes réponses ni de tes paroles devant tes juges : tu te tairas si on t'accuse ; tu parleras avec douceur et charité si on t'interroge ; tu pardonneras si on te condamne.

28 — Si on te méprise, tu penseras que toute vérité et tout bien sont méprisés des hommes à leur commencement ; si on te persécute injustement, tu penseras que toute religion vient de son martyre, tout enfantement de sa douleur, et toute vie de la mort. — En vérité je te le dis : Si je revenais parmi les hommes, ils me persécuteraient et ils me crucifieraient de nouveau.

29 — Toi, je t'envoie parce que de grands maux vont venir sur la terre, et après ces maux de grandes miséricordes de Dieu, et qu'il faut que les méchants tremblent et que les bons se rassurent.

30 — Je t'envoie faible et chétif, et petit, et ignoré parmi tes semblables, et sans protection, afin que ta force soit en moi seul et que tu ne t'enorgueillisses qu'en mon nom et en celui de ton Père qui est dans les cieux.

31 — Je t'envoie comme mon Père m'a envoyé. Comme moi tu seras livré à la contradiction, au mépris, à la douleur et au martyre. Comme moi tu vivras peu de temps parmi les hommes. Mais je mettrai une joie dans tes souffrances, je te relèverai dans tes humiliations et je t'aiderai à mourir. Crains-tu ?

32 — Et je répondis : Seigneur, que ta volonté soit bénie.

33 — Et le Christ dit : Va donc ; et suis-moi.

34 — Et je vis peu à peu les lumières qui s'unissaient en un seul rayon comme une colonne de feu, et elles entourèrent le Christ, et tout disparut.

35 — Et m'étant agenouillé, je fis cette prière et ce serment : Seigneur Dieu, mon Père qui es dans les cieux, instruis-moi, et je porterai ta vérité aux hommes, et je n'aurai de maître et de roi que ton commandement et ta justice. Si je souffre, je te louerai. Si je meurs, je te bénirai. Car tu fais miséricorde à ceux qui souffrent et qui meurent pour leurs frères et en ton amour.

36 — Et toute chose rentra dans le silence et l'obscurité.

II

1 — Et presque chaque nuit le même toucher de Dieu m'éveillait en sursaut, et en moi venaient la même lumière et le même trouble, et il se faisait entre mon esprit et l'esprit de Dieu qui était au-dessus de moi, comme une approche, puis comme un embrassement.

2 — Et toute mon âme tressaillait alors d'une joie qui n'était point de la terre.

3 — Et l'esprit qui s'était uni au mien m'emportait et me ravissait ; et je voyais des choses merveilleuses, et l'avenir qui s'ouvrait comme un livre dont on tourne une à une toutes les pages.

4 — Et mes nuits étaient presque sans sommeil, car longtemps après le départ de l'esprit je le sentais encore proche de moi et j'en demeurais troublé, ainsi que les eaux de la mer, lorsqu'une tempête a passé.

5 — Et le matin étant venu, j'écrivais ce que j'avais vu et entendu durant la nuit par l'esprit. Et ce sont ces visions que j'ai écrites.

6 — Et je vais aller parmi les hommes révéler ces paroles et ces visions de mon Dieu ; et je sais qu'ils me persécuteront et qu'ils me feront souffrir toute sorte de maux. Et mon âme n'est point troublée, car le Seigneur m'a promis d'être ma force dans ma faiblesse et ma joie dans ma douleur.

7 — Et je sais aussi que les jours de ma vie seront courts et que lorsque j'aurai révélé aux hommes les paroles de mon Dieu et déchiré la terre de l'esprit, et enfermé le grain dans le sillon, mon œuvre sera faite.

8 — Et je sais qu'après moi Dieu enverra la rosée qui féconde, le soleil qui mûrit, et le moissonneur qui récolte. Et je ne demande point cette récompense à mon Dieu ; qu'elle console, fortifie et bénisse ceux d'entre mes frères qui viendront après moi.

9 — Je suis l'aube, mais je ne suis point le midi ; je suis la voie, mais je ne suis point celui qui marche ; je suis celui qui sème, mais non celui qui moissonne.

10 — Je dirai aux hommes : Faites ceci et ne faites pas cela, et ils ne me croiront point. Mais la parole de mon Dieu sera tombée dans leur cœur et un jour elle fructifiera.

11 — J'annoncerai aux hommes des prodiges, et des châtiments et des miséricordes, et ils diront de moi : Il ment! Mais le Seigneur mon Dieu sait que je ne mens pas ; — et quand viendra la lumière, je serai glorifié dans les cieux.

12 — Je crierai aux hommes : Le Christ est ici, et il n'est point là ; le Christ n'est point ici, et il est là ; et beaucoup diront de moi : Il blasphème le Christ ! — Mais le Christ, lui, sait que je le connais et que je l'aime, et que c'est sa parole qui est ma parole et son esprit qui est mon esprit ; et le Christ me consolera, et je serai à sa droite dans le royaume de son Père.

13 — Je crierai aux hommes : Faites pénitence et corrigez-vous, car les jours de la justice de Dieu sont proches, et ils riront de moi. Mais les jours de la justice venus, ils diront : C'était vraiment un Prophète !

14 — Et de la mort, mon esprit redescendra parmi les hommes, et je les consolerai.

15 — Et mon âme est bien heureuse. Car celui qui a une longue vie est livré à beaucoup de défaillances et de calamités, et celui qui achève son travail en une journée courte est heureux.

16 — Et en moi il n'y aura dans l'affliction comme dans la joie, dans la vie comme dans la mort, qu'amour et bénédiction pour celui qui m'envoie.

TROISIÈME VISION

I

1 — Prophète, que vois-tu ?

2 — Je vois une grande lumière qui monte de l'Orient, et ce n'est ni l'aube, ni le crépuscule, ni le soleil, ni aucun astre qui soit dans le ciel : son nom est VÉRITÉ.

3 — Prophète, qu'entends-tu?

4 — J'entends à l'Occident un bruit d'hommes lointain, confus, mystérieux. J'entends des cris de guerre et des cris de fureur. J'entends des cités qui s'écroulent. J'entends des peuples qui se heurtent contre des peuples. J'entends des tumultes de rois... ils fuient!

5 — Prophète, que veulent dire ces choses?

6 — Seigneur, réponds.

7 — Et je vis le Christ tel qu'il m'était apparu la première fois, non dans le rêve ni le sommeil, mais dans l'éveil.

8 — Et de la plaie ouverte à son côté sortaient trois gerbes de rayons... et ces rayons tombaient jusqu'à moi.

9 — Et ses pieds ne touchaient point la terre, mais il était porté par un souffle ou un fluide qui était dans l'air.

10 — Et au lieu de la couronne d'épines, il avait au front douze étoiles, et un globe brillant était dans sa main.

11 — Et je vis les douze étoiles qui se détachaient de sa couronne et qui montaient vers le Ciel.

12 — Et s'étant arrêtées au milieu du Ciel, d'autres étoiles nombreuses, mais plus petites et moins brillantes, descendirent; et toutes ensemble, se joignant chacune par un rayon, puis se déplaçant, puis demeurant immobiles, je lus : AMOUR.

13 — Et le Christ dit : C'est le nom de DIEU.

14 — Et le Ciel était éclairé de lumière. Mais la terre restait obscure... hors vers l'Orient, d'où montait toujours la lueur, comme une aurore.

15 — Et le Christ ayant étendu les mains autour de lui, je vis que des rayons sortaient aussi des plaies de ses mains. Et aussitôt un jour brillant couvrit la terre.

16 — Et je vis que toute la terre était dans la reconnaissance et la joie Et je vis des campagnes immenses pleines de moissons, des prairies pleines d'herbes vertes et d'animaux de toutes sortes, des cités où il n'y avait plus de misères et plus de douleurs, mais aussi plus de palais. Je vis que partout la demeure de l'homme était bonne et heureuse.

17 — Et le Christ me dit : Le nom de la félicité humaine, c'est l'Amour. — La terre est heureuse parce que les hommes s'aiment.

18 — Et abaissant ses mains tout rentra dans l'obscurité et le silence.

19 — Et peu à peu la lueur que j'avais vue à l'Orient s'effaça ; et les étoiles qui étaient dans le ciel et qui avaient écrit : Amour, s'éteignirent.

20 — Et je sentis venir en moi un grand trouble et une grande crainte.

21 — Et le Christ me dit : Ne crains point, car il est utile que tu voies ces choses afin de les révéler aux hommes.

22 — Et mon cœur se rassura.

23 — Et la terre étant obscure, et une nuit sans astres étant dans le ciel, je vis monter des abîmes de la terre douze lumières, livides et pâles.

24 — Et s'étant arrêtées à peu de hauteur, douze flammes rouges les rejoignirent et les lièrent comme l'éclair lie la foudre.

25 — Et toutes ensemble se déplaçant, puis demeurant immobiles comme avaient fait les étoiles, elles écrivirent ce mot au-dessus de la terre : HAINE.

26 — Et le Christ me dit : C'est le nom du MAL.

27 — Et je sentis un frisson qui glaçait ma chair et mes os.

28 — Et toute la terre fut éclairée d'une lueur ardente, semblable à celle des incendies, et le ciel aussi était rougi comme d'une trace de sang.

29 — Et j'entendais par toute la terre des cris de douleurs et des gémissements, et de grands tumultes de batailles.

30 — Et la lueur ardente qui était au-dessus de la terre et qui avait écrit : Haine, s'abaissa lentement, et les flammes pâles s'en détachèrent et je vis qu'elles couraient à travers les campagnes et les cités.

31 — Et je vis deux grandes armées qui se mêlaient, et je vis les campagnes et les demeures des hommes incendiées, et je vis beaucoup de cités détruites.

32 — Et je vis que toute la terre paraissait déserte et désolée.

33 — Et le Christ me dit :

34 — Le nom de la douleur humaine est : Haine. Les hommes ne sont malheureux que parce qu'ils se haïssent.

35 — Enfant de l'homme, sois sans crainte, car le mal et la douleur passeront ; mais Dieu, le bien et la félicité ne passeront point.

36 — Et le Christ m'imposa les mains une seconde fois, et mon corps fut réchauffé et mon âme fortifiée.

37 — Et je compris que l'esprit de Dieu était en moi et aussi l'esprit du Christ, et je me prosternai et priai.

38 — Et après que j'eus prié et que je me fus relevé, je ne vis plus que la terre sombre et aride.

II

1 — Et l'esprit de Dieu me dit : Va, et crie aux hommes :

2 — O insensés et malheureux que vous êtes ! Comment n'avez-vous pas compris que vous n'aviez tous qu'une loi pour être heureux : celle de vous aimer.

3 — Et que Dieu étant votre Père vous étiez tous ses enfants, et qu'étant ses enfants vous étiez tous des frères.

4 — Et qu'étant tous des frères vous deviez tous vous supporter, vous aider et vous aimer comme des frères.

5 — Et que non-seulement vous étiez frères entre les hommes d'un même pays, mais encore entre les hommes de tous les pays ; non-seulement entre une famille et une autre famille, entre une race et une autre race, entre un peuple et un autre peuple, mais

entre toutes les familles, toutes les races et tous les peuples.

6 — O hommes insensés et malheureux ! Pourquoi avez-vous semé l'inimitié en vous et autour de vous comme une moisson de calamités ?

7 — Pourquoi vous êtes-vous divisés entre familles, entre races, entre peuples, entre pays ? N'avez-vous pas tous le même Père, le même sang et le même cœur ? n'avez-vous pas droit tous au même héritage ? n'êtes-vous pas tous frères ?

8 — Pourquoi avez-vous dit à votre voisin : Tu n'es point mon frère, et l'avez-vous méprisé, abandonné et haï ?

9 — Pourquoi avez-vous dit au peuple que Dieu a placé à côté de votre pays : Tu es mon ennemi, et lui avez-vous fait la guerre, et avez-vous ravagé son territoire, et avez-vous brûlé ses villes, ses villages et ses maisons, et avez-vous semé autour de vous la désolation ?

10 — Pour qu'un jour Dieu vous demande compte de votre injustice, et envoie à son tour l'ennemi dans votre pays et que la haine entre les peuples soit éternelle.

11 — Pourquoi, lorsque vous avez versé le sang de vos frères, n'avez-vous point vu que ce sang était pareil au vôtre et que sa douleur était semblable à votre douleur ?

12 — Pourquoi n'avez-vous point vu que vos rois devaient rester les seuls haineux et les seuls cruels, et que si les rois sont faits pour se haïr, les peuples sont faits pour s'aimer ?

13 — Car les rois se peuvent offenser, et leur orgueil les porte à se combattre. Mais que font aux peuples l'ambition ou la méchanceté des rois? Les peuples sont frères.

14 — O insensés et malheureux ! Que vous avaient fait ceux que vous avez combattus et livrés à la mort, et que leur avez-vous fait à eux, et que vous avaient fait aussi leurs femmes et leurs enfants qui sont veuves et orphelins, et que les vôtres aussi leur avaient-ils fait ?

15 — Et vous vous êtes fait la guerre, et vous avez couvert la terre de sang et de ruines, et vous êtes tous dans la désolation, car vous n'avez plus d'enfants.

16 — Et cependant vous avez dit : je me vengerai de mes ennemis. — Et où vous mènera votre vengeance ? A des malheurs et à des deuils nouveaux. Car après vous, aussi, vos ennemis se vengeront, et il n'y aura plus éternellement sur la terre que la douleur et la malédiction.

17 — O insensés et malheureux que vous êtes ! Comment n'avez-vous point compris que ce que vous avez souffert est une leçon de Dieu, et que Dieu envoie autant l'affliction pour corriger que pour punir?

18 — Comment n'avez-vous point compris qu'après avoir dominé vos ennemis par la guerre, vous deviez être dominés à votre tour par eux, et qu'en semant la victoire sous vos pas vous semiez en même temps et dans le même sillon la justice de votre défaite.

19 — O insensés et malheureux ! pourquoi ne voyez-vous point que si vous appartenez tous depuis tant de siècles, hélas ! depuis que la terre est monde, au despotisme des grands et aux calamités de toutes sortes de la vie, et aux pauvretés et aux souffrances, et à la

guerre, c'est parce que vous n'avez jamais su vous entr'aimer, ni entre les hommes, ni entre les peuples.

20 — Reconnaissez que vous êtes tous frères, tous d'une même famille, d'une même race, d'un même peuple, d'un même pays, tous les enfants de Dieu, et vous n'aurez plus sur la terre que félicité.

QUATRIÈME VISION

1 — Et l'esprit de Dieu me dit pour la seconde fois : Prophétise !

2 — Et m'étant recueilli et ayant fermé les yeux de mon corps, ceux de mon esprit s'ouvrirent.

3 — Et je vis ni ce qui est dans le présent ni ce qui était dans le passé, mais dans ce qui est par delà.

4 — Et je vis une moitié de la terre, celle qui commence entre le Midi et l'Orient, et va vers le Nord.

5 — Et en ces divers pays entourés de limites et qui portaient des noms différents, je vis des peuples nombreux, des cités florissantes, beaucoup de temples et beaucoup de palais.

6 — Et une grande lumière était sur cette portion de la terre.

7 — Et peu à peu la lumière se retira ainsi que fait le soleil lorsqu'il descend du Midi vers l'Occident, et la terre tomba dans la nuit ; mais cela par

degrés et lentement, ainsi que fait le crépuscule le soir après un beau jour d'été.

8 — Et je vis, à mesure que la lumière descendait et que l'ombre montait, les palais qui devenaient ruines, les cités qui devenaient cendres, les campagnes qui devenaient déserts, et la désolation et la mort s'étendaient sur toutes choses.

9 — Et comme je me troublais en mon esprit, l'esprit du Seigneur me dit :

10 — Ne t'étonnes point, car j'ai mis devant toi les siècles comme s'ils étaient des jours.

11 — Et je demandai au Seigneur : — Que veut dire cette vision ?

12 — Et le Seigneur répondit à mon esprit :

13 — La mort marche de l'Orient et du Midi sur les peuples, et les peuples ne la voient point.

14 — Et interrogeant de nouveau le Seigneur : — Que faut-il que j'apprenne aux peuples ?

15 — Et je vis une ligne de lumière ardente qui séparait les ténèbres du jour pâle.

16 — Et sous le jour pâle, je vis plusieurs armées qui venaient du Nord et d'autres qui montaient du Midi, et elles s'étendirent comme les eaux de la mer.

17 — Et la volonté de Dieu laissa tomber un voile devant mon esprit.

CINQUIÈME VISION

I

1 — Esprit de l'homme, prophétise. Que vois-tu ?

2 — Seigneur, je vois un homme vêtu de vêtements blancs et d'une tiare d'or. Une couronne brisée est à ses pieds.

3 — Autour de lui sont des hommes tristes et pâles. Ils disent : Il n'y a plus de Christ; et d'autres : Il n'y a plus de Dieu.

4 — Et ils portent tous des vêtements brillants et une croix sur le cœur.

5 — Et le premier, celui qui semble roi, les réunit comme un berger fait de son troupeau et étendant la main, il dit : Anathème.

6 — Et tous, étendant la main, répondent : Anathème !

7 — Et un grand tumulte vient du dehors : des bruits d'armes et des cris de fureur.

8 — Et le troupeau de ces hommes est dispersé.

9 — Et je vois deux anges qui montent vers les cieux. L'un est noir comme la nuit : son nom est Justice. — L'autre est brillant comme le jour : son nom est Miséricorde.

10 — Et je vois le ciel s'ouvrir, et devant le trône

de Dieu est le même vieillard qui était vêtu de vêtements blancs et qui portait une tiare d'or.

11 — Et autour de lui sont ceux qui étaient vêtus de vêtements brillants et qui avaient une croix à l'endroit du cœur.

12 — Et ils n'ont plus ni tiare d'or ni vêtements brillants. Ils portent des palmes vertes et se tiennent agenouillés.

13 — Et ils semblent humiliés devant le Seigneur.

14 — Et je vois les deux anges qui montent de la terre et ils se tiennent debout de chaque côté du trône de Dieu.

15 — Et je vois un autre ange descendre des profondeurs du ciel, et il écrit sur un livre d'or avec son doigt et le livre est ouvert devant Dieu.

16 — Et je lis ce qui est écrit dans le livre, et je ne sais si c'est du feu ou du sang. Il est écrit : MARTYRS.

17 — Et Dieu dit : Qu'ils soient pardonnés.

18 — Et tous les anges, et toutes les puissances, et toutes les dominations au ciel répètent : Qu'ils soient pardonnés.

19 — Et les nouveaux justes se relèvent, et bénissant Dieu, descendent les degrés du ciel.

20 — Et au-dessus d'eux se voit beaucoup de saints. Ce sont les pauvres et ceux qui ont été humiliés sur la terre.

21 — Et au-dessous d'eux je vois aussi d'autres saints : ce sont les rois, les riches et les puissants, et

tous ceux qui ont été heureux et honorés pendant leur vie, et auxquels Dieu a cependant pardonné, car il est miséricorde.

22 — Et tous louaient et bénissaient le Seigneur.

II

1 — Et je dis au Seigneur :

2 — Seigneur, que signifie cette vision ?

3 — Et l'esprit du Seigneur dit :

4 — Rome sera détruite ; un pape sera mis à mort ; les prêtres fuiront persécutés ; je rebaptiserai la foi des hommes dans le sang des martyrs.

5 — Et je dis au Seigneur :

6 — O Seigneur, ne feras-tu pas miséricorde à ton peuple ?

7 — Et je vis monter de la terre aux cieux une rosée de sang, et je priai.

SIXIÈME VISION

1 — Esprit de l'homme, prophétise. Que vois-tu ?

2 — Je vois une femme debout ; elle s'appuie sur un glaive ; ses bras sont nus ; son front est sombre. Cette femme est reine.

3 — Auprès d'elle sont de petits enfants. Ils ont

autour du front un cercle de fer, et autour du cœur un cercle de sang. Ils dorment. Cette femme est mère.

4 — A peu de distance est une multitude d'hommes couchés sur un sable aride ; leurs vêtements sont déchirés et ensanglantés ; ils tiennent des armes brisées ; ils dorment ou ils sont morts.

5 — Au loin, j'entends des bruits de fête et comme le tumulte d'une ville immense aux premières heures du jour. — Je vois le soleil qui se lève.

6 — Seigneur, le cœur de ces hommes est insensé, car j'ai vu dans leur cœur : vivons et jouissons.

7 — O Seigneur ! tu n'as donc point encore assez enseigné les hommes par tes épreuves, et les calamités pour eux ont-elles été stériles ? car ils se sont enorgueillis de nouveau sous tes coups.

8 — C'est le jour : le soleil est à son midi. La ville entière est dans la joie ; les chars sillonnent les rues où hier passait le feu, et l'incendie, et le sang. La vanité, l'oisiveté, le luxe, le mépris, la débauche s'étalent sans honte. Le pauvre se cache : la vengeance médite.

9 — Seigneur, je vois des palais qui étaient des ruines et qui reprennent une splendeur nouvelle. Je vois, où a passé le feu rouge et la noire fumée, reblanchir les marbres et briller l'or. — Les hommes ne veulent-ils donc plus de témoins de leurs malheurs et la vie leur est-elle meilleure quand ils oublient ?

10 — O Dieu ! ta puissance est sur moi. Que vois-je ?

11 — Je vois une fumée épaisse, chaude et ardente

envelopper la terre, puis elle s'unit en une nuée et en un seul foyer.

12 — J'entends des cris comme dans les malheurs. Des flammes s'élèvent, puis s'affaissent, puis se détachent, se lancent, courent et lèchent le sol. Elles suivent le même chemin. Où vont-elles ?

13 — Seigneur, tes châtiments sont terribles ! la cité est en feu ; les maisons s'embrasent, les édifices s'écroulent, les hommes se cherchent et se tuent, le feu boit le sang.

14 — L'embrasement s'éteint, un vent s'élève, les fumées se dispersent, tout se tait, tout est mort.

15 — Seigneur, je vois la femme qui était debout dans le désert ; elle est venue, elle marche au milieu des ruines ; son glaive est trois fois brisé, sa bouche est sanglante, elle avait soif, elle a bu du sang.

16 — Elle porte au front un cercle de fer rougi, elle monte sur un trône fumant, elle s'assied et elle s'écrie : Je suis la RÉVOLUTION.

17 — Ses enfants sont à ses côtés. Ils sont devenus des hommes. Elle étend les deux mains et dit : Allez !

18 — Et elle les touche au cœur avec le doigt, leur fait une marque et elle dit encore : Allez !

19 — Et ils partent, les uns vers l'Orient, les autres vers l'Occident, les autres vers le Midi.

20 — Seigneur, je les vois, ils sont au milieu des peuples. Ils cachent le signe qu'ils ont au cœur et ils disent : Nous sommes la Justice.

21 — Et les peuples s'assemblent à leur voix, et ils tressaillent de joie, et ils s'écrient : Voilà nos rois.

22 — Et la terre s'agite comme en proie à un enfantement douloureux, et tout ce qui était du passé se détruit, et il y a un baptême de sang sur beaucoup de peuples et beaucoup de pays.

23 — Et ces hommes devenus des rois se rassemblent de nouveau et ils disent : Les temps de la miséricorde et de la paix sont proches, retirons-nous du milieu des peuples.

24 — Et ils traversent beaucoup de pays et beaucoup de cités, et autour d'eux ne sont que des ruines et des peuples qui ne sont plus des peuples. Et ils sont tristes.

25 — Et le Seigneur me dit :

26 — Ces justices sont mes justices, car je punis l'iniquité des pères sur les enfants. Ma miséricorde est lente, mais mon châtiment est rapide.

27 — Va, et dis aux hommes : Le Seigneur crée avec des siècles, mais il détruit avec des jours.

28 — Va, et crie aux hommes : Faites pénitence et amendez-vous ; si vous voulez que le Seigneur retienne sa colère et éloigne sa vengeance.

29 — Faites pénitence, car les siècles ont crié contre vous jusqu'au Seigneur, car vous avez oublié toute justice et toute charité, car vous vous êtes entr'haïs au lieu de vous entr'aimer, car vous avez fait de la terre un antre de voleurs, car vous avez par la colère et par la folie versé le sang des petits qui sont les enfants de Dieu, car vous avez fait deux parts dans la même famille, celle du riche et celle du

pauvre, comme si vous n'aviez eu ni le même père ni le même Dieu.

30 — Oui, va, et dis aux hommes que ces justices sont mes justices, et que s'ils ne se repentent, je vais dévorer la terre avec le feu et la noyer avec le sang. Car j'ai dit aux passions des petits : Soyez fortes et libres ; et aux passions des grands : Soyez faibles et esclaves.

31 — Et en vain les grands s'entoureront d'armées et de défenses ; et en vain ils s'uniront ; et en vain ils répareront les maux de la guerre et les révoltes ; et en vain ils s'endormiront dans la confiance ; s'ils ne reviennent au Seigneur Dieu, je les disperserai comme le vent fait du tourbillon.

32 — Dis-leur qu'ils pardonnent et que je les mesurerai à leur pardon, et que je les condamnerai selon leur condamnation, et que dans le sang qu'ils versent ils sèment la mort de leurs enfants.

33 — Dis-leur qu'ils s'attachent les peuples par la bonté, qu'ils retiennent leur colère par la sagesse, qu'ils effacent leurs fautes par le pardon, car sous mes calamités sont mes châtiments, et quand le Seigneur semble éprouver, c'est qu'il punit.

34 — Dis-leur qu'ils deviennent les pères des peuples et non leurs maîtres et leurs justiciers ; leurs exemples et non leurs scandales ; leurs guides vers la justice, la paix et la félicité, et non les causes de leurs discordes, de leurs partis, de leurs malheurs et des sévérités de Dieu.

35 — Et la voix du Seigneur se tut. Et la terre me sembla nue et désolée. Et je vis la femme qui marchait à travers les ruines, s'arrêter, chercher un point dans le ciel, s'agenouiller et prier.

36 — Et il me sembla que j'entendais sa prière. Elle disait :

37 — O Seigneur ! lavez mes mains de leurs iniquités ; dégonflez mon cœur de la vengeance ; arrachez-moi le sceptre que vous ne m'avez donné que pour punir, et que mon nom soit oublié des hommes.

38 — Car ainsi que tu fais l'orage et la tempête, et tous les fléaux qui sont sur la terre, ainsi tu m'as faite, moi aussi, orage et tempête des peuples. Seigneur, ne me condamne point, et que les hommes me reconnaissent comme ta justice, afin de se repentir et de se préserver.

39 — Et sa tête s'étant baissée, elle pleura.

40 — Et je vis un ange qui venait du ciel et qui, après avoir écarté les vêtements de cette femme à l'endroit du cœur, y effaça la tache de sang.

41 — Et je vis le cercle de fer qui était à son front devenir un cercle de lumière, et dans cette lumière son visage parut divin.

42 — Et elle se leva debout, et étendant les deux mains elle répéta par trois fois, et d'une voix forte, et vers trois côtés : Venez !

43 — Et je vis les rois, ses enfants et ses messagers qui avaient porté au monde les châtiments de Dieu, s'approcher et s'agenouiller devant cette femme.

44 — Et les ayant baisés au front, et leur ayant détaché le cercle de fer, et le brisant sous ses pieds, et leur ayant de même effacé la tache de sang, elle leur dit :

45 — Allez de nouveau parmi les hommes. Vous

ne vous appellerez plus : HAINE ; mais vous vous nommerez : AMOUR. Le Seigneur l'ordonne ainsi.

46 — Allez ! je vous bénis.

47 — Et elle s'agenouilla pour la seconde fois. Puis après avoir dit : Seigneur, conduisez mes enfants, elle s'affaissa dans la mort.

48 — Et je ne vis plus rien, si ce n'est une grande lueur qui venait du ciel vers la terre.

SEPTIÈME VISION

1 — Esprit de l'homme, que vois-tu ?

2 — Je vis une grande multitude d'hommes qui s'efforçaient de bâtir un édifice élevé.

3 — Et ces hommes étaient de tous les pays de la terre et en un grand tumulte.

4 — Et les uns disaient : Faisons ceci ; et d'autres : Faisons cela. Et au lieu de travailler, ils se divisaient en beaucoup de pensées inutiles et demeuraient dans la confusion.

5 — Et au-dessus de cet édifice inachevé flottait une bannière déroulée sur laquelle étaient écrits ces mots en lettres d'or : *République universelle*, et au-dessous ces mots : *Liberté, Egalité, Fraternité*.

6 — Et je voyais que de temps à autres, ceux qui bâtissaient reprenaient leur ouvrage, et que davantage s'élevait l'édifice.

7 — Et en même temps un souffle de Dieu, venu

de je ne sais où, passait, renversait ce que ces hommes avaient bâti et en dispersait jusqu'aux débris.

8 — Et plusieurs fois je vis le même effort des hommes et le même châtiment de Dieu.

9 — Et comme je ne pouvais m'expliquer ces mystères — car il est bon aux hommes de désirer d'être libres, d'être égaux et d'être frères :

10 — L'esprit du Seigneur éclaira mon esprit.

11 — Et je vis que les hommes qui bâtissaient l'édifice confondaient ce qui devait être ici pour les fondements, là pour le milieu, et là pour le sommet.

12 — Et que sans cesse cet édifice était ébranlé et croulait, parce que sans cesse on mettait à son couronnement ce qui devait servir à sa base, et à sa base ce qui devait servir à son couronnement.

13 — Et je demandai au Seigneur : Seigneur, que veut dire l'image de cet édifice? Car je savais que Dieu aime ainsi à révéler sa sagesse par des images, et à frapper nos sens afin d'éclairer nos esprits.

14 — Et le Seigneur me répondit :

15 — Les hommes bâtissent aussi un édifice dans leur esprit : c'est la civilisation.

16 — Et sur cet édifice ils ont écrit : Liberté, Egalité, Fraternité : trois droits, trois vertus, trois forces que je leur ai donnés, et, tu l'as vu, ils ne réussissent point à faire monter leur œuvre jusqu'à moi, et un souffle suffit à renverser ce qu'ils ont péniblement édifié.

17 — Et cela est et sera ainsi, dit le Seigneur, parce qu'ils ont placé toutes choses dans la confusion, et que ce qui est en haut devrait être en bas, et en bas ce qui est en haut.

18 — Et le Seigneur me dit encore : Regarde !

19 — Et je vis les mêmes hommes qui travaillaient de nouveau et avec une grande ardeur, et ce qu'ils avaient bâti s'élevait vers le ciel.

20 — Mais je vis que la base était toute chancelante et que le sommet écrasait l'édifice.

21 — Et mon âme était en un grand trouble, car aucune lumière n'était encore en moi.

22 — Et le Seigneur me dit :

23 — J'ai donné aux hommes trois vertus, trois droits et trois forces : la Fraternité, l'Egalité et la Liberté, puis je leur ai dit : Travaillez et bâtissez un temple qui s'élève jusqu'à moi.

24 — Et ils ont travaillé et bâti. Mais ils ont voulu être libres et égaux avant d'être frères, et ils ont assis leur œuvre sur du sable.

25 — Frères et s'aimant les uns les autres, la Fraternité les menait à l'Egalité, et ils fussent après cela devenus libres sans danger.

26 — Mais ils ont dit : Soyons libres, avant d'être devenus frères. C'est pour cela que ce qu'ils font par la liberté est sans durée, vain et mauvais.

27 — Va, et crie aux hommes et aux peuples :

28 — Soyez d'abord frères si vous voulez être libres. Otez toute haine et toute inimitié de votre

cœur. Entr'aimez-vous les uns les autres. Supportez-vous, aidez-vous entre les grands et entre les petits. Arrachez toute division et toute guerre, soit entre les hommes, soit entre les peuples. Ne formez plus qu'une famille, alors la liberté sera possible et bonne.

29 — Mais si vous demeurez ce que vous êtes, des hommes enclins aux divisions, aux orgueils, aux colères, aux révoltes, aux haines ; si vous demeurez des peuples aimant les conquêtes, les vengeances et la guerre, vos progrès seront fragiles, et la décadence écrasera vos œuvres.

30 — Et je compris ce que le Seigneur avait voulu m'apprendre.

31 — Et je priai le Seigneur d'ouvrir les yeux des hommes comme il avait ouvert les miens, afin que leur cœur comprît qu'ils devaient être frères avant d'être libres.

HUITIÈME VISION

1 — Et l'esprit du Seigneur reposant encore sur moi :

2 — Je vis une terre couverte de toutes sortes d'arbres, de plantes et de fleurs. Et c'était le printemps sur cette terre.

3 — Et alentour étaient de hautes montagnes et de profondes vallées ; et, des montagnes, dégouttaient des milliers de sources aux eaux claires comme le diamant.

4 — Et dans les vallées, et dans les prairies, et

sur les pentes coulaient mille ruisseaux qui portaient la fraîcheur et la fécondité.

5 — Et des feuilles des arbres, et du calice des fleurs, et de la tige des herbes brillantes comme un tapis de rosée, et au moindre souffle de l'air, chaque goutte s'unissait à une autre goutte, et se détachait ou de sa feuille, ou de son brin d'herbe, ou de sa fleur.

6 — Et les gouttes d'eau allaient vers les sources, et les sources vers les ruisseaux.

7 — Et je vis bientôt une rivière aux ondes lentes et profondes qui se roulaient comme un serpent d'azur à travers les prairies et les vallées.

8 — Et peu à peu je vis que la rivière devenait grand fleuve aux eaux puissantes et agitées, et semant l'écume sur ses rives.

9 — Et je vis que ce fleuve allait à une mer immense et qu'il s'y mêlait d'abord avec fureur, puis ensuite en un embrassement mystérieux.

10 — Et je vis que la mer se gonflait, et que des souffles de tempête étaient sur ses eaux et que la colère était dans son sein.

11 — Et l'esprit de Dieu me dit :

12 — La petite goutte d'eau, la rosée, la source, le ruisseau, la rivière, le fleuve, la mer, c'est l'image du peuple.

13 — Ainsi que la goutte d'eau est devenue ruisseau, ainsi que le ruisseau est devenu rivière, ainsi que la rivière est devenue fleuve, ainsi que le fleuve est devenu mer : l'homme est devenu PEUPLE.

14 — Et je vis que deux souffles contraires passaient en même temps sur la mer : l'un, doux et béni comme le printemps ; l'autre, violent et enflammé comme l'orage.

15 — Et là où passait le premier, les vagues s'abaissaient, baisant leurs rives avec amour. Et la mer était calme et bleue comme le ciel.

16 — Et là où passait le second, l'onde se levait en tourbillons et en écumes et se brisait avec fureur contre les rochers des rives. Et la mer était dans le désordre, la révolte et la douleur.

17 — Et je demandai au Seigneur : Seigneur, que veulent dire ces images ?

18 — Et l'esprit du Seigneur me répondit :

19 — Il y a sur le peuple deux souffles contraires, comme sur la mer : l'un qui le calme et fait pour lui de la terre un ciel : l'AMOUR. L'autre qui l'agite, le colère et le brise, et fait pour lui de la terre un enfer : la HAINE.

20 — L'un qui enfante les vertus, les dévouements, les charités, les religions, les espérances, les félicités, la paix. L'autre qui enfante les divisions, les haines, les égoïsmes, les vengeances, la guerre.

21 — Et je dis au Seigneur : Seigneur, lequel de ces deux souffles sera victorieux de l'autre ?

22 — Et le Seigneur me répondit : l'AMOUR.

NEUVIÈME VISION

1 — Et une grande joie était dans mon cœur, car je croyais que les maux de la terre allaient enfin finir. Et je ne pensais point qu'avant tout enfantement il faut une grande douleur, et avant toute résurrection une mort.

2 — Et peu à peu mon âme s'attrista et tomba en défaillance.

3 — Et voici ce que je vis :

4 — Je vis un arbre immense qui était couvert de feuillages verts et de fleurs embaumées, et dans ses rameaux chantaient les oiseaux et passaient les souffles de l'air.

5 — Et je vis que ce n'était plus le printemps, mais que ce n'était point encore l'été.

6 — Et il vint sur la terre un air brûlant, et le jour était sans nuées et les nuits sans fraîcheur.

7 — Et un vent léger étant venu et ayant passé, je vis beaucoup de fleurs qui tombaient de l'arbre et beaucoup de fruits qui étaient nés des fleurs.

8 — Et les fruits semblaient beaux et vivaces. Mais l'un d'eux s'étant détaché avec les fleurs, je vis qu'un ver était dans son sein. Et plusieurs autres tombèrent et en tous était la mort.

9 — Et l'automne vint et peu à peu les feuilles de l'arbre jaunirent, puis une à une se détachèrent des

rameaux et couvrirent le sol, et des vents violents ébranlèrent le tronc de l'arbre.

10 — Et les fruits tombèrent tous comme les fleurs et comme les feuilles, et ils pourrirent sur la terre humide.

11 — Et un seul demeura au sommet de l'arbre, battu en vain par les frimas et la tempête.

12 — Et tout à coup le soleil brilla, l'air se fit doux et pur, le ciel bleuit : la bénédiction de Dieu sembla sur toutes choses.

13 — Et je vis la terre qui s'ouvrait doucement, doucement... et le dernier fruit de l'arbre tomba. Et la terre s'étant refermée sur lui, tout rentra dans l'ordre habituel à toute chose.

14 — Et je vis venir l'hiver avec ses vents froids, ses neiges, ses glaces, sa désolation et sa mort.

15 — Et l'arbre mourut. Et ses rameaux et son tronc tombèrent sur la terre glacée, et sur toute la terre tout mourut, toutes les grandes et toutes les petites plantes, et généralement tout ce qui a vie.

16 — Et mon âme fut dans une grande tristesse et je disais en mon esprit : Comment la vie ressortira-t-elle d'une si grande mort, car toute chose est anéantie ?

17 — Et un printemps nouveau étant revenu, je vis la terre qui demeurait desséchée et aride, et il n'y avait ni herbes, ni plantes, ni fleurs, ni aucun feuillage, ni aucune vie !

18 — Mais peu à peu la terre se gonfla et s'ouvrit, et je vis sortir de son sein une tige verte et vivante.

19 — Et cette tige s'éleva, et des rameaux l'entourèrent comme d'une couronne, et des millions de feuilles et de fleurs naquirent sur ses rameaux.

20 — Et l'arbre s'éleva si haut qu'il semblait atteindre le ciel, et il étendit si loin ses branches autour de lui que toute la terre en était ombragée.

21 — Et sous cette ombre je vis pousser d'autres plantes et d'autres fleurs, et couler des sources et des ruisseaux.

22 — Et jamais la terre n'avait été aussi belle et aussi bénie de Dieu.

23 — Et je demandai au Seigneur : Seigneur, que signifie cette image ?

24 — Et l'esprit du Seigneur me répondit :

25 — L'arbre, c'est le monde ; les fleurs et les fruits que le vent détache et qui meurent, ce sont les œuvres et les sciences vaines des hommes, et les vanités, et les passions, et tout ce qu'ils créent pour la mort.

26 — Le fruit qui tombe dans la terre ouverte qui le reçoit et lui rend la vie, c'est ce qui ne meurt jamais : c'est la vérité.

27 — Et je dis : O Seigneur! ô Dieu! ta vérité un jour couvrira donc la terre?

28 — Et l'esprit du Seigneur se tut. Mais je sentais en moi une grande paix et une grande joie, et je compris ce que le Seigneur ne me révélait point avec des paroles.

DIXIÈME VISION

1 — Et je vis plusieurs hommes qui passaient au milieu des peuples, et ils ne venaient point de parmi les grands, ni les riches, ni les savants, mais de parmi les pauvres.

2 — Ils n'étaient point couverts d'ornements d'or et de magnifiques vêtements, ainsi que les portent ceux qui vont enseigner les peuples et qui ont autorité au nom de Dieu.

3 — Ils étaient vêtus de vêtements grossiers, ils avaient un bâton dans la main, et ils s'en allaient en chaque maison et en chaque village, répandant autour d'eux la concorde et la vérité.

4 — Et ils ne vendaient point la vérité de Dieu. Et là où étaient des malheureux ils les consolaient, et là où étaient des pauvres ils leur donnaient ce qu'ils avaient reçu, et partageaient avec eux toutes choses qui étaient en leur possession.

5 — Et ils ne condamnaient personne, et ils disaient que les misères de l'homme sont grandes, et les occasions de ses péchés nombreuses, et son cœur faible et hésitant, et au lieu de condamner et de maudire, ils bénissaient.

6 — Et ils étaient chassés des villes, parce que les villes sont livrées à l'incrédulité et aux passions de toutes sortes; mais ils allaient de campagne en campagne, semant le bon grain de la parole.

7 — Et ils disaient :

8 — O peuples, espérez ! car le jour du Seigneur est proche.

9 — Et ils disaient encore : O hommes, corrigez-vous de vos haines, de vos divisions, de vos guerres, de vos orgueils, car c'est à ces choses que vous devez vos calamités et la mort.

10 — O hommes ! adorez le Seigneur qui est votre Dieu, non plus par des prières vaines, par des cultes divisés et ennemis, par des temples de pierre et d'orgueil, par d'hypocrites cérémonies, mais aimez Dieu dans le fond de votre pensée, de votre cœur et par les bonnes actions de votre vie.

11 — Et aimez le prochain comme vous-même, non plus par des charités apparentes et vides d'amour, mais par une charité universelle et sans bornes.

12 — Et non plus ne soyez point divisés entre les peuples, car Dieu est le Père de tous, aussi bien de celui qui est votre ennemi que de celui qui est votre ami ; et Dieu étant le Père de tous, vous êtes donc vous les frères de tous.

13 — Et c'est par les œuvres de la haine que vous attirez sur vous la colère Dieu, et c'est par les œuvres de l'amour que vous obtenez sa miséricorde.

14 — Car en vérité Dieu est amour, et il ne vous commande que de vous entr'aimer les uns les autres et que de l'aimer. Car puisque vous êtes moins grands que Dieu, comment voudrait-il que vous soyez davantage ? Et puisque vous devez être la ressemblance de Dieu, pourquoi vous écartez-vous de cette ressemblance par les haines de vos cœurs, et ne vous en rapprochez-vous point par l'amour ?

15 — Car puisque Dieu n'est qu'Amour et que

l'amour suffit à Dieu pour être Dieu, comment l'amour ne suffirait-il pas à un homme? Et puisque de l'amour de Dieu sort toutes ses œuvres, comment l'amour ne suffirait-il pas à rendre bonnes toutes les œuvres des hommes ?

16 — Aimez donc Dieu de tout votre cœur, de toute votre âme et de toutes vos forces, et aimez le prochain comme vous-même, et vous serez vraiment la ressemblance de Dieu, et vous aurez accompli tous ses commandements.

17 — Et tout ce qui est hors de l'amour est orgueil ou mensonge, et tout ce qui est en l'amour est vérité et bien. Soyez donc parfaits par l'amour comme votre Père céleste est parfait.

18 — Et ces hommes ne parlaient point comme les savants avec beaucoup de mots sonores, mais avec la simplicité et la bonté de leur cœur.

19 — Et s'ils entraient dans une maison, ils disaient d'abord : Que la paix soit avec vous tous; puis ils saluaient les vieillards et bénissaient les enfants ; et si on les chassait de là, ils allaient plus loin, et ils bénissaient encore dans leur cœur ceux qui les avaient méprisés.

20 — Et s'ils rencontraient des hommes qui les injuriaient, ils ne répondaient point, mais ils priaient intérieurement le Seigneur d'éclairer par la vérité le cœur des méchants.

21 — Et si de petits enfants s'approchaient d'eux avec leur père ou leur mère, ils disaient : Elevez les petits enfants dans la charité; qu'ils s'aiment étant petits pour pouvoir s'aimer quand ils seront grands ; ôtez la haine du cœur des enfants pour qu'elle ne puisse pas pousser dans le cœur des hommes.

22 — Et s'ils rencontraient des riches qui méprisaient les pauvres, ils leur disaient : Ne méprisez point celui que Dieu honore. Et s'ils rencontraient des pauvres qui haïssaient des riches, ils leur disaient : Ne haïssez point celui qui ne sait pas encore qu'il est votre frère, mais apprenez-lui qu'il est votre frère par votre amour.

23 — S'ils trouvaient des hommes ou des femmes vivant dans le péché et condamnés ou méprisés de tous, ils disaient : Ne condamnez point et ne méprisez point, car le péché n'est point l'homme, et il y a sur la terre des pécheurs que Dieu préfère à des justes, parce que ceux-ci n'ont résisté à aucune tentation et sont justes sans la vertu, et que ceux-là ont résisté peut-être à beaucoup d'épreuves et ne sont tombés qu'après de grands de maux.

24 — Et ils disaient encore : Ne croyez point que le Seigneur soit pareil aux hommes et qu'il juge comme eux avec un cœur cruel et injuste, car Dieu voit dans le secret, et vous, vous ne voyez point dans le secret; car Dieu est miséricorde et vous êtes sévérité. C'est à la charité de votre jugement que vous reconnaîtrez que vous ressemblez à Dieu.

25 — Et ils parlaient ainsi sur toutes choses, avec des paroles simples, un esprit droit et un cœur ouvert à la bonté.

26 — Et s'ils entraient dans une demeure de l'homme où était le deuil et la mort, ils disaient : Ne pleurez point et ne craignez point, mais soyez au contraire dans la joie. Car celui qui est mort est délivré de beaucoup de maux et ce qui est par delà la mort est meilleur que la vie. Ne craignez donc point. Tout homme qui a vécu a souffert, et tout homme qui a

souffert se repose après la mort dans la félicité de Dieu.

27 — Et ils parlaient aussi des temps de l'avenir et de ce qui était non-seulement par delà le temps, mais encore par delà l'éternité, et la grâce et la vérité du Seigneur étaient dans leur esprit.

28 — Et cependant il y en avait beaucoup qui écoutaient ces hommes qui disaient entre eux : Ce sont de faux prophètes. Ils blasphèment notre religion ; ils détruisent ce qui est édifié et ils ne pourront rebâtir.

29 — Mais d'autres disaient : Ces hommes parlent selon la vérité, car, il est vrai, toute mort vient de la haine, et toute vie de l'amour. Et ils bâtissent l'édifice de notre résurrection.

30 — Et ces hommes disaient encore : Nous semons la dernière moisson. Que les travailleurs s'assemblent, et que la terre, de toutes parts, soit déchirée.

31 — Et parlant ainsi, ils passaient au milieu des peuples, les enseignant et les fortifiant, et beaucoup de cœurs se troublaient en la vérité et la recevaient.

32 — Et d'autres s'unissaient contre ces hommes, ceux qui vivent de l'orgueil et du mensonge, et ils méditaient leurs ruines. Et ils disaient : Détruisons leurs paroles et qu'ils soient chassés d'au milieu de nous.

33 — Et il se fit une grande lutte alors dans les cœurs, dans les esprits et dans les croyances des hommes, et Dieu me cacha l'avenir.

◆

ONZIÈME VISION

1 — Et je vis encore beaucoup de calamités, de désordres, de guerres, de révoltes en beaucoup de pays et en la France.

2 — Et des rois furent chassés de leurs empires par leurs peuples, et ils erraient malheureux à travers le monde.

3 — Et un grand nombre de peuples disaient : Unissons-nous et soyons à nous-mêmes nos rois. Mais ils ne le pouvaient, parce que l'ambition était parmi les chefs et le désordre de l'esprit parmi les petits.

4 — Et les rois reprenaient force de la faiblesse des peuples. Mais il n'y avait aucune sécurité ni aucune durée dans les institutions de ces pays, et, le lendemain, se défaisait ce qui avait été fait la veille.

5 — Et des hommes sages disaient aux rois ; Vous ne pouvez demeurer rois qu'en apprenant à vos peuples à vous aimer et à s'entr'aimer les uns les autres, car vous devez être les images de Dieu.

6 — Et ils disaient aux peuples : Vous ne pouvez être vos rois que par la vertu et le désintéressement de chacun et que par une universelle fraternité, car c'est de l'union des hommes que se font les peuples et de l'amour que chacun a dans son cœur que se fait la force de tous.

7 — Mais ni les rois ni les peuples ne comprenaient ces paroles, aussi étaient-ils sans cesse agités et rien ne demeurait en repos sur la terre.

DOUZIÈME VISION

1 — Et Dieu dit : Je donnerai à la terre une race nouvelle.

2 — Et je vis un guerrier puissant descendre du Nord avec une armée innombrable.

3 — Et ils n'avaient ni or ni parures sur leurs vêtements, ils traînaient le glaive et portaient la lance. Leurs chevaux étaient rapides, mais petits. Ils combattaient avec le feu et avec l'éclair. Derrière eux venait le souffle de Dieu.

4 — Et ces hommes passèrent comme une tempête, puis ils remontèrent vers le Nord. Et ils couvraient la moitié de la terre.

5 — Et je vis les peuples qu'ils avaient détruits et foulés aux pieds se ranimer et redevenir des nations fortes, et les cités se rebâtir et les moissons couvrir de nouveau les campagnes.

6 — Et une vie nouvelle était en ces peuples, comme tout ce qui sort d'une mort ; et il se formait une race plus jeune et plus forte faite du sang des vainqueurs et de celui des vaincus.

7 — Car Dieu avait dit : J'éclairerai mes peuples avant qu'ils ne meurent, et je les fortifierai, afin que toute la terre me puisse connaître et aimer.

TREIZIÈME VISION

1 — Esprit de l'homme, que vois-tu ?

2 — Je vois un roi puissant, mais sa puissance n'est ni dans la guerre, ni dans le mensonge, ni dans la richesse, comme celle des autres rois. Sa puissance est dans son amour.

3 — Il porte une fleur pâle et un lion. Il vient d'un vieux sang. Il sera le dernier de sa race.

4 — Il vient après beaucoup de calamités, de guerres et de désordres, et tout le peuple a crié vers lui.

5 — Et il a dit : Je ne serai votre roi que pour un peu de temps, car je vous ferai les rois de vous-mêmes ; et après que vous serez vos rois, je deviendrai le dernier d'entre vous.

6 — Vos rois vous ont apporté la guerre, la désolation, le deuil, la ruine et l'asservissement, je vous apporte la paix, la concorde et la liberté.

7 — Et une grande clameur s'éleva parmi le peuple : Soyez notre roi.

8 — Et mon âme tressaillit de joie, car des jours de félicité et de justice allaient enfin revenir sur mon pays.

9 — Et il y avait au fond du cœur des hommes comme des grâces de Dieu qui les portaient au bien.

10 — Et ils se souvenaient des maux qu'ils avaient souffert par leurs fautes, et de leurs folies, et de leurs révoltes, et de leurs haines de toutes sortes. Et la terre semblait renaître à un printemps nouveau.

11 — Et les grands se faisaient petits, et les riches se faisaient pauvres, et les orgueilleux se faisaient humbles, et les savants devenaient simples d'esprit, et les ignorants apprenaient la vérité, et la félicité était dans les cœurs et dans les esprits de tous.

12 — Et la justice était presque devenue la miséricorde, et chacun apprenant à se supporter, à se pardonner, à s'aimer, il n'y avait presque plus de fautes et de crimes parmi les hommes.

13 — Et l'amour étant entre les familles, et les petits enfants étant élevés à s'aimer, il y avait moins de contestations, et en chaque maison les vieillards jugeaient avec équité et douceur, car la concorde de tous rendait facile toute justice.

14 — Et on ne voyait plus de guerres non plus parmi les peuples, car les peuples, enseignés par leurs malheurs, avaient enfin compris que la guerre était la pire de leurs calamités et la paix le plus grand de leurs bonheurs.

15 — Et ils avaient connu ainsi que toute haine entre les hommes est mauvaise puisqu'elle n'amène que les troubles de l'esprit, les remords du cœur et les calamités de la vie ; que toute haine entre les peuples est aussi mauvaise, car elle sème avec la guerre le sang des hommes, les douleurs, les deuils, les pauvretés et les ruines.

16 — Et ils avaient connu aussi que la guerre est injuste, car les peuples ne se combattent que pour l'ambition d'un homme ou la grandeur d'un pays ; et

que vaut un homme devant le sang d'une nation? que vaut un roi devant son peuple? et qu'est-ce qu'un pays, sinon une portion de la terre qui est à tous?

17 — Et ils avaient connu que le monde n'est qu'un pays dont Dieu seul le créateur, l'ordonnateur et le roi; que tous les pays ne font qu'une patrie dont l'homme est l'enfant.

18 — Et ils avaient connu que conquérir une portion de la terre est criminel comme de voler un champ ou une maison à un homme, et que le crime de tous est plus grand encore que le crime d'un seul.

19 — Et ils avaient dit : Nous ne combattrons plus parce que nous sommes tous les enfants de Dieu, les citoyens d'un même pays et les frères d'une même famille, et il n'y aura plus qu'un pays qui sera le monde, qu'un peuple qui sera l'homme, qu'un chef qui sera la justice, et qu'un roi qui sera Dieu.

20 — Et je vis toute la terre refleurir de ses ruines, et dans le sillon où depuis tant de siècles Dieu faisait par la parole de ses verbes jeter sa vérité et son amour, venir enfin la première moisson.

21 — Et je ne vis plus d'armées, plus d'armes, plus de fortifications et de limites alentour des pays. À quoi cela eut-il été bon? les hommes étaient devenus frères, et nul ne pensait à se défendre parce que nul ne pensait à attaquer.

22 — Et toutes les villes étaient ouvertes au commerce libre de toutes les nations, et chacune s'aidait dans ses intérêts divers, et cela sans rivalités, sans hypocrisie, mais pour le bien, le bonheur et la fortune de tous.

23 — Et malgré ces félicités, il y en avait encore

qui disaient · La guerre est l'honneur des hommes et la grandeur des peuples. Mais nul ne les écoutait, et on ne disait pas même d'eux : Ce sont des méchants ; on disait : Ce sont des insensés.

24 — Et le travail était en honneur parmi tous les hommes, et ceux qui étaient riches travaillaient comme les pauvres ; et comme la simplicité, et la justice, et la charité étaient dans leur vie, les fruits du travail étaient abondants et équitables.

25 — Et le maître ne disait plus à son serviteur : Tu es mon esclave ou mon inférieur; mais : Tu es mon frère ; et le serviteur ne pensait plus de son maître : Tu es mon ennemi ; mais : Tu es mon ami, et la vie de tous les deux était bonne, calme et bénie de Dieu.

26 — Et les riches avaient reconnu que leur félicité n'était point dans la possession de beaucoup de biens, et la jouissance des plaisirs que l'on achète, et dans le luxe de leurs demeures, et dans la vanité de leurs titres et de leur vie, mais que la vraie félicité était dans un cœur vertueux et une vie faite de simplicité et de bonnes actions.

27 — Et on voyait moins de somptueuses demeures et de palais, mais aussi moins de maisons pauvres, moins de luxe étalé dans les cités, mais aussi moins de misères. Et le cœur du riche était en sécurité, car il se sentait le frère et l'ami du pauvre, et le pauvre était de même sans crainte, car il se savait aussi l'ami et le frère du riche. Et ainsi toute révolution était exilée de la terre.

28 — Et tous les hommes ne partageaient point encore ces félicités ; car à côté du bien est le mal, à côté du jour est la nuit, à travers la moisson bénie est

l'herbe mauvaise, à côté de Dieu est l'éternelle douleur de la terre.

29 — Et ces hommes s'efforçaient de détruire l'œuvre de Dieu, et ils entretenaient dans le cœur de plusieurs un levain d'incrédulité et ils disaient : Toutes ces choses seront vaines et sans durée. Mais Dieu était au-dessus de son œuvre.

30 — Et le roi était au-dessus de son peuple, et en sa sagesse naissaient les institutions justes et les bonnes lois, et il était l'exemple des autres rois.

31 — Et pendant ce temps-là, Dieu semait dans les pensées et dans les cœurs sa dernière moisson, car les jours de la fin étaient proches.

QUATORZIÈME VISION

1 — Et à côté du grand ROI, je vis un grand PAPE, CHEF D'ÉGLISES.

2 — Et autour d'eux étaient beaucoup d'hommes destinés à aller prêcher dans tout l'univers la religion d'amour du Christ.

3 — Et ce pape n'avait point comme les autres papes, une cour, des serviteurs, des évêques et des prêtres vêtus richement. Il portait des vêtements de laine grossière et avait au lieu de sceptre une croix.

4 — Et son visage était bon et doux comme celui du Christ, et dans son cœur étaient toutes les vertus de la charité.

5 — Et il n'avait point de royaume sur la terre,

parce que le monde entier était son royaume ; et il n'avait point non plus de grandes richesses, parce qu'il venait apprendre à tous à être pauvre.

6 — Et on ne lui rendait point d'honneur comme aux rois et comme aux puissants de la terre, parce qu'il savait que l'honneur qu'on fait aux hommes n'est que vanité, et il préférait l'amour de tous à l'humiliation de quelques-uns.

7 — Et il n'avait ni ville ni palais qui fussent à lui, mais il allait de contrée en contrée, prêchant par les paroles et par les exemples, et assemblant tous les peuples en la charité.

8 — Et avec lui étaient douze apôtres pareillement doux et humbles de cœur, voués à la pauvreté et qui semaient autour d'eux la vérité et les bonnes œuvres.

9 — Et les hommes étaient émerveillés de voir de telles choses, et une telle foi, et une telle humilité, et tant de grandeur dans l'humilité.

10 — Et ils disaient : Voilà le Christ qui va revenir, car voici celui qui l'annonce, et ils sentaient intérieurement que les jours de la fin étaient proches.

11 — Et la religion du Christ revenait pure et prêchée véritablement sur toute la terre par l'amour, la paix, et toutes les œuvres saintes de la charité.

12 — Et dans les temples on ne voyait plus ni ornements d'or, ni curieuses cérémonies, ni luxe de la matière d'aucune sorte, mais de tous les cœurs s'élevait la prière, et de toutes les prières la reconnaissance et l'amour.

13 — Et il y avait encore des prêtres pour enseigner aux hommes la vérité et les consoler dans leurs

peines, et les encourager dans leurs espérances, mais les prêtres eux-mêmes étaient devenus comme les frères de tous, et ils n'avaient de plus que les autres hommes qu'une plus grande vertu et une plus divine charité.

14 — Et ils ne s'élevaient point les uns au-dessus des autres, car ils se souvenaient que le Christ avait dit : Que celui qui voudra être le maître soit le serviteur de tous ; que celui qui voudra s'asseoir à la première place soit le dernier.

15 — Et ils ne vendaient plus ni la prière, ni le sacrifice, car la charité des hommes subvenait à tous leurs besoins.

16 — Et les pauvres étaient devant eux les égaux des riches, parce qu'ils savaient que les pauvres et les riches sont égaux devant Dieu... et qu'ils devaient être ses représentants et ses médiateurs devant les hommes.

17 — Et ainsi le pauvre naissait et mourait comme le riche, et il y avait pour les deux la même joie et le même deuil, la même prière et le même pardon.

18 — Et le cœur de ces prêtres était plein de miséricorde, et ils ne disaient plus : Que celui-ci soit béni et que celui-là soit maudit ! Mais ils disaient : Seigneur, que tous les hommes, quels qu'ils soient, trouvent miséricorde devant vous.

19 — Et s'ils rencontraient autour d'eux la contradiction, ou la méchanceté, ou l'erreur, ils ne s'emportaient point en colères vaines, ils n'abaissaient point le caractère de Dieu en eux : ils demandaient la grâce de savoir souffrir patiemment et d'éclairer par l'exemple de leur miséricorde ceux qui ne croyaient point encore en leur foi.

20 — Et ils ne disaient plus : Celui-là sera sauvé parce qu'il croit et celui-là sera condamné parce qu'il ne croit point, parce qu'ils savaient que la foi n'est point volontaire parmi les hommes et que Dieu seul la dispense comme une grâce, et qu'il n'appartient à aucun, hors à Dieu, de se faire juge des croyances des hommes.

21 — Et ainsi ils ramenaient autour d'eux toutes les religions qui sont éparses sur toute la terre, qui ont le même Christ pour Verbe et le même Dieu pour père ; et que l'orgueil des grands et l'ignorance des petits, et l'esprit de haine de tous ont seuls divisés.

22 — Et en eux chacun se retrouvait chrétien, c'est-à-dire animé d'une même foi et d'un même amour. Car tout était devenu simple dans la foi des hommes comme dans leur cœur, et ils avaient compris que tout homme qui aime Dieu dans son cœur et dans la charité est chrétien.

23 — Et ils ne cherchaient rien de ce qui est au-delà, car tout ce qui est au-delà est de l'homme et tout ce qui est de l'homme dans la foi divise, et s'unissant en Dieu et en la charité seuls ils étaient unis.

24 — Et des œuvres merveilleuses se faisaient sur la terre, et des temples ne sortaient que des paroles d'amour, et des enseignements ne venaient que des conseils de support, de concorde, de pardon, et cela suffisait; car l'amour c'est Dieu même, car la charité c'est le reflet et l'image de Dieu, et quoi est plus grand que l'amour et meilleur que la charité.

25 — Et les petits enfants dès le bas âge étaient instruits de ces vérités, et les parents et les prêtres veillaient à ce qu'ils ne transgressassent ces lois d'aucune manière, et devenus des hommes, après le bap-

tême de Dieu, ils devenaient frères entre citoyens, comme ils avaient été frères entre enfants.

26 — Et les prêtres enseignaient l'amour de la paix et le mépris et la crainte de la guerre, et ils ne maudissaient que ceux qui haïssaient leurs frères ou faisaient répandre le sang des hommes.

27 — Et je voyais toutes ces choses dans les joies de mon âme, et je demandais au Seigneur : Seigneur, y a-t-il encore beaucoup de temps jusqu'à l'accomplissement de tes miséricordes ?

28 — Et l'esprit du Seigneur me répondit :

29 — Il est libre à l'homme de devancer ces temps ou de les reculer. Que les hommes se convertissent.

QUINZIÈME VISION

1 — Et pendant plusieurs années je vis la terre heureuse et bénie de Dieu.

2 — Et beaucoup de nations étaient revenues à la vraie foi du Christ.

3 — Et la paix était sur presque toute la terre.

4 — Et le Seigneur dit : Voici la dernière épreuve.

5 — Et je vis un homme du midi, qui était de deux races, puissant de volonté et de génie, et dont le cœur était plein d'orgueil.

6 — Et bientôt il fut au-dessus des hommes et des peuples, parce qu'il était l'instrument de Dieu.

7 — Et il était couvert de vêtements brillants comme un roi, et il portait une couronne et un sceptre, et il avait aussi des paroles de religion comme un Christ.

8 — Et autour de lui s'assemblèrent les hommes et les nations : ceux qui étaient las de la paix et ceux qui ne gagnaient point en la charité.

9 — Et il leur avait dit : Je vous ferai puissants et riches ; et l'ancien levain du mal s'était réveillé dans les cœurs.

10 — Et s'étant fait couronner roi par ses armées, et pape par plusieurs églises qui croyaient en lui, il commença à parler au nom de Dieu même

11 — Et beaucoup, témoins de sa puissance, de son génie et de la toute beauté de sa parole, disaient : C'est le Christ.

12 — Et il faisait des prodiges et des miracles, non point que ce fussent de véritables prodiges et miracles ; mais les hommes ne comprenaient point comment il pouvait ainsi commander à la matière et à l'esprit, et beaucoup à cause de cela croyaient en lui.

13 — Et il guérissait les malades, et il ressuscitait les morts, et il rendait la vue aux aveugles, l'ouïe aux sourds, la parole aux muets. Et pour toutes ces choses il disait comme le Christ : Croyez et vous serez guéris.

14 — Car sa force était la foi, et la force de tous était aussi la foi, et c'était par la foi que lui et ceux qui croyaient en lui avaient toute puissance.

15 — Et cet homme était l'envoyé de Dieu, non pour tromper les hommes, car Dieu ne se plaît point

au mensonge; non pour les châtier, car sa miséricorde était sur eux, mais pour préparer la moisson à mûrir, et qu'à l'heure du jugement il pût séparer les bons d'avec les mauvais, les justes d'avec les injustes.

16 — Et cet homme ne devait précéder que de peu de temps la venue du vrai Christ dont il est écrit : « Je viendrai sur les nuées du ciel avec une grande gloire et une grande majesté. »

17 — Et les hommes le devaient prendre pour le Christ lui-même comme il est écrit : « Plusieurs viendront en prenant mon nom et disant : Je suis le Christ; mais ne les suivez pas. »

18 — Et ceux qui demeuraient dans la justice disaient : Non ce n'est point le Christ, car le Christ est humilité, douceur et amour, et cet homme est orgueil, violence et haine.

19 — Non ce n'est point le Christ, car cet homme a ramené sur la terre les guerres, les divisions, les révoltes, et toutes sortes de maux, et la condamnation, et la mort. Et le Christ a dit : Vous ne vous haïrez point, vous ne vous servirez point de l'épée, vous ne vous jugerez point les uns les autres, vous pardonnerez à vos ennemis; que les premiers soient les derniers, que les derniers soient les premiers ; donnez gratuitement ce que vous avez reçu gratuitement ; ne vous faites point voir ni rois ni puissants en mon nom, car mon royaume n'est point de ce monde. Allez, je vous recommande une seule chose : Aimez-vous les uns les autres, car c'est en vous aimant les uns les autres que vous reconnaîtrez que vous êtes mes disciples Et si quelqu'un fait des prodiges en mon nom et qu'il ne suive point mes commandements, c'est un faux prophète et un imposteur.

20 — Et ainsi les justes se rassuraient par la parole même du Christ.

21 — Et une moitié de la terre était entraînée et l'autre restait fidèle au vrai Dieu.

22 — Et pendant ce temps Dieu choisissait ses élus, car les temps du jugement universel étaient proches.

23 — Et cependant beaucoup demeuraient séduits à cause de leurs sens qui étaient frappés, et parce que leur esprit demeurait dans les ténèbres.

24 — Et peu à peu il se fit une grande persécution sur les justes par les méchants, et il y eut beaucoup de martyrs comme aux premiers jours.

25 — Et les pères et les mères livraient leurs enfants à la mort, disant : Ils sont d'un autre Christ que nous.

26 — Et les prêtres et les apôtres de l'homme de perdition avaient en chaque ville des tribunaux, et des prisons, et des instruments nombreux de supplice, et ceux qui ne reconnaissaient point leur roi comme chef ou comme Christ, étaient livrés aux geôliers, aux bourreaux ou à la mort.

27 — Et les prêtres de ce roi sans cesse maudissaient et condamnaient au nom du Christ et de Dieu, et la terre était accablée d'angoisses et de maux.

28 — Et je vis le roi qui se tenait sur un trône d'or, vêtu d'ornements somptueux, et il portait une croix sur la poitrine, et son pied droit reposait sur un globe figure du monde.

29 — Et autour de lui étaient des serviteurs nombreux et une armée innombrable, et tous semblaient

tremblants et humiliés, et chacun qui élevait la parole se prosternait, et tous l adoraient et le nommaient : SAINT.

30 — Et ceux qui étaient proches du roi étaient vêtus ainsi que lui d'ornements éblouissant d'or et de pierreries, et ils portaient des sceptres recourbés et à l'endroit du cœur des croix sans christ, et aux doigts des anneaux précieux. Et les premiers de ces serviteurs étaient adorés et honorés comme le roi lui-même.

31 — Et derrière ceux-ci étaient des soldats et des chefs d'armées, et ils avaient au côté des glaives sans fourreau et dont la poignée était une croix, et sur le fer de chaque glaive était un signe.

32 — Et il y avait parmi les serviteurs, et les chefs d'armées, et les prêtres, des rois, des princes, des guerriers puissants et beaucoup d'hommes qu'on nommait saints, parce qu'ils parlaient sans cesse au nom de Dieu et que leurs crimes étaient dans les ténèbres.

33 — Et ils se servaient de l'éloquence pour tromper les faibles, de la douceur pour attirer les bons et des richesses pour séduire les méchants. Et ils avaient l'esprit pervers et le cœur cruel.

34 — Et tout ce qui était ambitieux, avare, égoïste, haïssant la charité et l'amour, s'était attaché à ce roi et à ces hommes, et par eux les rois se pouvaient relever au-dessus des peuples, les grands au-dessus des petits, les méchants au-dessus des bons, le mensonge au-dessus de la vérité, le mal au-dessus du bien.

35 — Et Dieu voyant que presque toute la terre allait être séduite eût pitié. Et j'entendis dans le ciel comme la venue d'un orage lointain et la terre trembla jusques dans ses fondements, et une nuée de feu

vint de l'Orient et elle s'étendit comme un brouillard de sang.

36 — Et tous les hommes, et tous les animaux, et toutes les plantes, et tout ce qui vit sur la terre fut dans l'effroi et la mort.

37 — Et je vis les armées du roi dispersées, non par d'autres armées... mais par je ne sais quoi qui passait comme un souffle brûlant au milieu d'elles et abattait les hommes comme fait une faux.

38 — Et les prêtres, et les serviteurs, et les puissants, qui étaient autour du roi, furent aussi saisis de frayeur, car sur eux était la nuée de sang, car sous leurs pas la terre tremblait... Et ils fuyaient de tous côtés ne sachant où se cacher.

39 — Et une tempête de feu était au milieu d'eux et les renversait et se relevant ils fuyaient de nouveau. Et leurs ornements d'or étaient en lambeaux et souillés ils n'avaient plus ni sceptres ni insignes de puissance, et beaucoup se jetant à genoux priaient le Seigneur et mouraient.

40 — Et la nuée passa sur tous les pays et pareillement elle dispersa de sa tempête tous les hommes et toutes les armées qui s'étaient unis au roi, soit pour les guerres, soit pour les œuvres de condamnation ou de cruauté.

41 — Et les justes qui étaient restés fidèles au Seigneur Dieu et au vrai Christ, et à la charité et à la paix étaient épargnés, et de la nuée de sang tombait sur eux une chaleur divine qui fortifiait leur cœur, et comme des souffles de printemps et d'amour.

42 — Et les bons s'unissaient avec les bons, et ils se retrouvaient après tant d'épreuves, et ils s'embras-

saient, se reconnaissaient et s'aimaient, et ils priaient le Seigneur, non de continuer à punir leurs persécuteurs, mais de pardonner et d'oublier.

43 — Mais l'heure de l'éternelle justice était proche.

44 — Alors je vis une homme sur une haute montagne, debout et les mains levées vers le ciel, et je ne savais s'il priait ou s'il défiait le Seigneur.

45 — Et je reconnus le roi.

46 — Et il portait encore les insignes de sa royauté : et sa couronne et son sceptre. Et je vis la nuée de sang qui s'éleva jusqu'à lui et l'enveloppa.

47 — Et j'entendis les roulements de la foudre, et mes yeux étaient éblouis par les éclairs, et une tempête horrible était dans la nuée et sur la montagne, et il coulait du ciel et le long de la montagne comme des ruisseaux de feu.

48 — Et mes yeux ne pouvant supporter cette vue, je me prosternai la face contre terre et adorai le Seigneur.

49 — Alors j'entendis un grand cri dans le ciel, comme le bruit d'une foudre qui parlait.

50 — Et ayant regardé je vis la montagne déserte, ravagée et brûlée, et fumante encore.

51 — Et mes yeux s'étant élevés, je vis la nuée rouge dans les hauteurs du ciel, et au-dessous de la nuée l'homme qui était sur la montagne et dont les vêtements semblaient de feu.

52 — Et au-dessus de cet homme et de cette nuée

était une vapeur blanche et diaphane que les souffles de l'air faisaient flotter comme une bannière.

53 — Et sur cette vapeur je vis écrit en lettres rouges : L'ANTECHRIST.

54 — Et Dieu alors mit un voile devant mes yeux.

SEIZIÈME VISION

1 — Et les yeux me furent rouverts.

2 — Et je vis le Christ venir sur les nuées avec une grande puissance et une grande majesté.

3 — Et autour de lui et en d'autres nuées étaient des milliers d'anges avec des robes blanches, et des lys et des lyres d'or, et ils chantaient : « Gloire à Dieu au plus haut des cieux. »

4 — Et par delà la nuée où était le Christ et celles où volaient les anges, je vis s'ouvrir d'autres cieux ; mais la lumière en était si ardente que mes yeux en furent éblouis.

5 — Et ayant abaissé mon regard, je vis de nouveau la nuée rouge qui montait, et l'homme qui avait été roi et faux christ qui était au-dessus.

6 — Et je n'entendais plus aucun tonnerre, et je ne vis plus d'éclairs ni de foudre dans son sein, et je vis que le vent la soulevait lentement.

7 — Et étant arrivée au-dessus du lieu où était le Christ et ses anges, elle s'arrêta et le concert des anges se tut... Et je vis l'homme-roi qui se couvrait

la face de ses vêtements, et s'agenouillant et croisant les mains semblait prier.

8 — Et le Christ se leva debout et il dit : Que la miséricorde de mon Père soit sur toi et sur ton repentir.

9 — Et étendant les bras vers les cieux, il dit : Mon Père, que ta miséricorde soit sur cet homme.

10 — Et pendant ce temps la nuée rouge avait monté et elle enveloppait d'une flamme ardente l'homme qui priait. Et j'entendais sa parole et il disait : O Dieu ! je ne mérite point d'entrer dans ta miséricorde, car je n'ai commis que l'iniquité sur la terre.

11 — Et le Christ priait toujours et il pleura.

12 — Et aussitôt les hauts cieux s'ouvrirent. Et je vis Dieu le Père, non pas comme un homme, non pas comme un roi, mais comme une lumière de toutes couleurs, et en cette lumière je vis passer comme un éclair radieux l'âme de Dieu.

13 — Et un ange descendit et le Christ l'ayant béni, il s'arrêta au-dessus de la nuée rouge où était l'homme prosterné.

14 — Et l'ange dit : Que la miséricorde de Dieu soit sur toi !

15 — Et la nuée de sang se dissipa et il en tomba une rosée abondante sur la terre ; et je vis le Christ qui remontait vers le ciel et au-dessous de lui l'homme pardonné.

16 — Et les anges chantaient :

17 — Amour à Dieu au plus haut des cieux !

DIX-SEPTIÈME VISION

1 — Et les cieux s'étant voilés, je vis la terre sombre et aride.

2 — Et beaucoup de maux étaient sur elle : la ruine, la famine, la peste.

3 — Et la terre semblait vieillie et tombée en ruines, et tous les peuples, eux aussi, semblaient épuisés d'âge et de maux. Et il y avait sur toute créature vivante une agonie et une approche de la mort universelle.

4 — Et le soleil était par place taché d'ombre, et sa lumière n'était plus aussi brillante ni sa chaleur aussi forte, et les étés étaient devenus froids comme les hivers

5 — Et les astres n'éclairaient plus les nuits, car il y avait entre eux et la terre des fumées qui venaient de je ne sais où. Et par les nuits plus claires on en voyait en grand nombre qui se détachaient des cieux se perdant dans l'infini.

6 — Et on entendait sous la terre comme les grondements d'un tonnerre profond, et le sol, de place en place, s'ouvrait béant, et des villages et des cités étaient engloutis.

7 — Et subitement la terre tremblait comme en proie à de mystérieux enfantements, et les demeures des hommes en étaient ébranlées et détruites, et de son sein s'échappaient des fumées ardentes, et des

flammes qui montaient vers le ciel, et des laves qui dévoraient les moissons de la terre.

8 — Et les eaux qui auparavant étaient glacées, devenaient brûlantes, et une chaleur insupportable montait des profondeurs du sol, et il n'y avait plus ni rosée ni fraîcheur, mais seulement le froid du ciel et l'ardeur de la terre.

9 — Et beaucoup de maladies étaient sur les hommes et les animaux, et les plantes mouraient, et aucun pays n'était exempt de ces calamités.

10 — Et les justes se recueillaient en le Seigneur, car ils savaient que la fin était proche ; et les méchants étaient saisis de crainte et ils disaient : Dieu nous a maudits, et beaucoup mouraient à cause de la frayeur de leur esprit.

11 — Et cependant beaucoup de méchants et d'impies revenaient à Dieu, car ils voyaient sa puissance et ils se repentaient et accomplissaient de bonnes œuvres afin d'être pardonnés.

12 — Et ceux qui étaient dans les villes fuyaient dans les campagnes, et ceux qui étaient dans les plaines montaient sur les lieux élevés, et toutes les demeures des hommes étaient vides.

13 — Et la mer était sans cesse agitée, non par la tempête, ni par l'orage, ni par les astres, mais par les secousses de la terre qui était au-dessous d'elle, et parfois ses vagues s'élevaient comme des tourbillons, et il en sortait des fumées épaisses et des flammes.

14 — Et les mères n'avaient plus d'enfants, leurs entrailles n'étaient plus fécondes, et les enfants qui étaient en bas âge mouraient, et la désolation était sur toute chose.

15 — Et le Seigneur dit : Voici la fin.

16 — Et j'entendis comme un éclat de tonnerre, et je vis toute la terre dispersée comme une poussière sous un vent violent, et un feu immense qui embrasait le ciel.

17 — Et je vis ce feu tomber d'étoile en étoile, puis se perdre dans l'infini comme une traînée lumineuse, puis disparaître, ainsi que font les astres qui tombent du ciel par les nuits brillantes.

18 — Et je vis que les cieux étaient pleins d'étoiles et que rien n'était changé dans leur harmonie, et je dis : O Seigneur ! qu'est-ce qu'un de tes mondes devant ta face ? le grain de sable de la mer !

DIX-HUITIÈME VISION

1 — Et je vis le Seigneur Dieu, le Très-Haut, le Juste, l'Eternel, l'Infini, sur un trône éblouissant comme le soleil.

2 — Et au-dessus de sa tête étaient douze cercles de soleils, et au-dessous de ses pieds douze cercles d'étoiles.

3 — Et je ne vis ni son visage ni même son corps, tant la lumière qui venait de lui était ardente, et je ne puis dire si c'était seulement son esprit qui était dans cette lumière.

4 — Et autour de lui il y avait des espaces incommensurables de cieux emplis de la même lumière, et dans ces cieux n'étaient nulles créatures et nulles

vies. Et le Seigneur seul, le Très-Haut, le Juste, l'Eternel, l'Infini, était dans ces cieux.

5 — Et en d'autres cieux moins élevés et dont la clarté était différente de couleur, et encore au-dessus de ces cieux, car il y en avait sept les uns au-dessus des autres, et chacun était éclairé d'une clarté diverse, ainsi que l'arc-en-ciel en sept couleurs.

6 — Et en ces cieux n'étaient point encore les astres ni les soleils, ni rien de ce que nous voyons au-dessus de nous dans les nuées brillantes. Là étaient les demeures de ceux qui étaient devenus, après une succession de vies, purs et esprits comme le Seigneur.

7 — Et on ne voyait point les âmes de ces justes, car les âmes ne se voient point, et on ne voyait point non plus la félicité dont elles jouissaient. Dieu en cachait les mystères aux hommes.

8 — Et au-dessous de ces sept cieux étaient ceux où demeurent les anges qui ont des corps, les puissances et les dominations, qui unissent Dieu à l'homme et le ciel à la terre.

9 — Et au-dessous encore de ces Cieux étaient les demeures des âmes qui n'ont plus de corps et qui attendent la résurrection éternelle. Et je ne voyais point non plus ces âmes, mais je voyais comme le souffle qu'elles faisaient dans les vagues bleues de l'air. Et là était la première félicité.

10 — Et au-dessous montaient et descendaient les étoiles dans leur éternelle harmonie, et elles n'étaient plus petites et pâles comme elles apparaissaient sur la terre. Mais elles étaient brillantes comme des soleils et grandes comme des lunes. Et elles n'étaient point non plus immobiles, mais elles se levaient et s'abais-

saient et se croisaient et se mêlaient en des chemins infinis, sans qu'aucune d'elles ne se touchât, et leur mouvement était tantôt lent et tantôt rapide comme l'éclair.

11 — Et au-dessous des étoiles était un autre Ciel d'âmes. Et ce Ciel n'était point la félicité, mais l'attente. Là vivaient les âmes des morts qui n'avaient pas encore été purifiées par leur vie, et qui avaient commis l'iniquité sur la terre; là elles attendaient la miséricorde de Dieu et leur délivrance.

12 — Et cependant leur épreuve était moins dure que celle de la vie, car elles espéraient et elles voyaient Dieu à travers les profondeurs des espaces qui étaient au-dessous, et aussi elles voyaient la terre où avaient été leurs maux.

13 — Et je cherchai le lieu où sont les âmes damnées, celles qui désespèrent et que le Seigneur a maudites pour l'éternité. — Et je ne le vis point. — Et je me dis : O Seigneur, n'est-ce pas la méchanceté seule de notre cœur qui a condamné ces âmes, car toi, n'es-tu pas la miséricorde infinie ?

14 — Et m'étant prosterné pour connaître le mystère de Dieu, je sentis autour de moi comme le murmure d'un grand souffle qui agitait les premiers cieux. Et je compris que c'étaient toutes les âmes de la terre qui montaient vers le Seigneur.

15 — Et je vis aussi une poussière épaisse, mais brillante, vers les demeures où sont les astres, et je ne sais ce qu'était cette poussière. Mais un instant la lumière du soleil en fut obscurcie, puis elle se dissipa dans les hauteurs.

16 — Et je vis que les âmes de la terre traver-

saient les cieux qui sont au-dessus de la terre et les sept cieux qui sont au-dessous du Seigneur, et elles s'arrêtaient devant le trône. Et on eût dit une nuée pâle.

17. — Et je vis à côté du trône de Dieu un autre trône et je reconnus le Christ. Et autour de Dieu et du Christ étaient montées des légions d'anges et tous les saints qui sont dans les derniers cieux. Et tous étaient debout et en silence.

18 — Et le Seigneur dit : Ouvrez le livre.

19 — Et je vis trois anges plus beaux et plus grands que ceux que j'avais déjà vus, et celui qui était au milieu portait fermé un livre d'or, et les deux autres qui étaient à ses côtés tenaient levé un glaive.

20 — Et Dieu dit pour la seconde fois : Ouvrez le livre.

21 — Et l'ange qui était dans le milieu ayant ouvert le livre, lut :

22 — « Or, quand le Fils de l'homme viendra dans sa gloire avec tous les saints anges du ciel, il s'assiéra sur le trône de sa gloire.

23 — » Et toutes les nations seront assemblées devant lui ; et il séparera les uns d'avec les autres comme un berger sépare les brebis d'avec les boucs.

24 — » Et il mettra les brebis à sa droite et les boucs à sa gauche.

25 — » Alors le roi dira à ceux qui seront à sa droite ? Venez vous qui êtes les bénis de mon Père ;

possédez en héritage le royaume qui vous a été préparé dès le commencement du monde.

26 — » Car j'ai eu faim et vous m'avez donné à manger; j'ai eu soif et vous m'avez donné à boire; j'étais étranger et vous m'avez recueilli.

27 — » J'étais nu et vous m'avez vêtu; j'étais malade et vous m'avez visité; j'étais en prison et vous m'êtes venu voir.

28 — » Et les justes lui répondront : Seigneur, quand est-ce que nous vous avons vu avoir faim et que nous vous avons donné à manger, ou avoir soif que nous vous avons donné à boire?

29 — » Et quand est-ce que nous vous avons vu étranger et que nous vous avons recueilli, ou nu et que nous vous avons vêtu?

30 — » Ou quand est-ce que nous vous avons vu malade ou en prison et que nous vous avons visité?

31 — » Et le roi leur dira : Je vous le dis, en vérité, lorsque vous avez fait ces choses à l'un des plus petits d'entre mes frères, c'est à moi que vous les avez faites.

32 — » Et ensuite il dira à ceux qui seront à la gauche : Retirez-vous de moi, maudits, et allez au feu éternel qui est préparé pour vous et pour les mauvais anges.

33 — » Car j'ai eu faim et vous ne m'avez point donné à manger; j'ai eu soif et vous ne m'avez point donné à boire.

34 — » J'étais étranger et vous ne m'avez point recueilli; j'étais nu et vous ne m'avez point vêtu; j'étais malade et en prison et vous ne m'avez point visité.

35 — » Et ceux-là lui répondront : Seigneur, quand est-ce que nous vous avons vu avoir faim ou avoir soif, ou être étranger, ou nu, ou malade, ou en prison, et que nous ne vous avons point assisté?

36 — » Et il leur répondra : Je vous le dis, en vérité, que toutes les fois que vous n'avez point fait ces choses à l'un des plus petits d'entre mes frères, c'est à moi que vous ne les avez point faites. »

37 — Et l'ange qui lisait ferma le livre et les deux anges qui étaient à ses côtés tirèrent leurs glaives.

38 — Et je vis la nuée d'âmes qui se partageait en deux parts ainsi que font les nuages du ciel quand les traverse un vent violent, et un sillon de feu était entre les deux parts.

39 — Et Dieu dit : Ferme le livre du sceau.

40 — Et alors je vis le Christ qui se levait de dessus son trône, et étendant les mains vers son Père, il pria en silence.

41 — Et aussitôt un concert s'éleva des sept cieux qui sont au-dessous de Dieu, et il était doux et triste et on eût dit une prière d'âmes.

42 — Et je vis tous les anges qui se voilaient de leurs ailes, et un cri, un cri éclatant, retentit dans les sept cieux : MISERICORDE.

43 — Et Dieu, le roi, le juste, l'infini, dit : MISÉRICORDE

44 — Et le Christ étendant les mains sur toutes les âmes et les bénissant dit : Venez à moi, les pardonnés de mon Père.

45 — Et je vis les deux parts des âmes qui s'unissaient et qui montaient vers les cieux.

46 — Et encore une fois Dieu me cacha sa vision.

47 — Et un cri retentit encore dans le ciel : AMOUR.

DIX-NEUVIÈME VISION

1 — Et je vis de nouveaux cieux et une nouvelle terre.

2 — Et en ces cieux était une clarté bien plus grande et bien plus profonde que celle qui est dans le firmament et au-dessus de la terre.

3 — Et cette clarté était d'un grand nombre de couleurs ainsi qu'un arc-en-ciel qui s'étendrait en tous sens dans le ciel comme une nuée.

4 — Et cette lumière n'était point un voile entre la nouvelle terre et les nouveaux cieux ainsi qu'est l'air bleu au-dessus de la terre.

5 — Et à travers cette lumière brillaient des multitudes d'astres dont les rayons jaillissaient comme des

gerbes d'or et d'argent et dont le globe semblait de diamant.

6 — Et ils n'étaient plus petits et éloignés comme ils le sont dans les nuits de la terre, mais grands comme des soleils, et on voyait tout l'espace qui était entre eux et la terre nouvelle.

7 — Et il y avait dans ces espaces toutes sortes de vies et de beautés qui sont inconnues aux hommes, et les souffles mêmes de l'air semblaient animés par l'esprit de Dieu.

8 — Et il n'y avait ni nuées ni vapeurs ; seulement aux lueurs chaudes du jour une ombre transparente s'étendait dans le ciel, et des vents légers se levaient.

9 — Et parfois on voyait passer des anges aux grandes ailes qui conduisaient des âmes devant le Seigneur pour être jugées, et on entendait des concerts de lyres et de chants divers qui emplissaient les hauts cieux.

10 — Et au passage de ces anges tombaient sur la terre mille parfums plus doux que ceux des fleurs, et plus enivrants que ceux de l'encens.

11 — Et au-dessus d'eux s'ouvraient les sept cieux et toutes les demeures de Dieu ; et tous les justes qui étaient sur la terre nouvelle voyaient ces merveilles et ces mystères.

12 — Et cette terre nouvelle était lumineuse et radieuse comme les cieux qui l'entouraient, et il n'y avait plus ni jours ni nuits, mais seulement une cus-

cession de clartés dont les ardeurs ou les ombres étaient diverses, et il n'y avait point non plus de sommeil, mais un repos plein de rêves, de vie et de félicités.

13 — Et il n'y avait plus ni orages, ni tempêtes, ni chaleurs brûlantes, ni froids glacés, mais un air toujours tranquille et tiède, et un éternel printemps.

14 — Et rien n'était plus sujet comme sur la terre ancienne, à la douleur, à la maladie et à une mort précipitée ; on ne voyait rien souffrir et rien mourir, et toute chose s'embellissait et se vivifiait au contraire par le temps.

15 — Il y avait de hautes montagnes, couvertes de forêts silencieuses, et sur ces montagnes étaient les temples que les hommes élevaient à Dieu.

16 — Et dans ces temples il n'y avait ni cérémonies, ni prières publiques, ni ornements d'aucune sorte, ni prêtres, ni or, ni argent, seulement on s'y recueillait pour prier et pour se souvenir.

17 — Mais le temple qu'avaient les hommes, c'était le grand ciel, et là leur âme s'enivrait du Seigneur, et de sa beauté, et de son amour, et Dieu répondait à ce culte pur des hommes.

18 — Et une seule peine était sur cette terre : c'était l'ESPÉRANCE. Car au-dessus de toute vie attachée à cette terre étaient encore d'autres vies plus heureuses qui remontaient jusqu'à Dieu à travers plusieurs espaces et plusieurs formes, et devaient enfin s'unir en lui.

19 — Et tous ceux qui vivaient en la nouvelle

terre étaient instruits par Dieu de ces choses, et une sainte langueur était dans leur âme, et ils attendaient ces vies meilleures, et c'était la seule douleur qu'il y eût sur cette terre.

20 — Et au-dessous des montagnes étaient des plaines et des vallées où s'élevaient les demeures bénies des hommes, et où poussaient les moissons et les fruits de toutes sortes.

21 — Et il n'y avait point de cités, seulement toutes les demeures étaient proches les unes des autres, et autour de chacune étaient tous les dons de Dieu nécessaires à la vie.

22 — Et on ne voyait point de rivalités, de haines, de mensonges, d'hypocrisies parmi les hommes ; leur cœur était pur et saint comme il était heureux, et la félicité était dans les âmes comme sur la terre.

23 — Et on ne voyait point d'armées, et on n'entendait point de bruit de guerre. Et il n'y avait point de rois et de puissants pour conduire les faibles. Il n'y avait au-dessus de toute chose que la royauté de Dieu, et au-dessous que l'amour et l'obéissance de l'homme.

24 — Et comme nul ne se trompait ni ne se nuisait d'aucune manière, chacun était libre en toute chose. Car chacun ne pouvait que faire le bien avec sa liberté, l'amour du bien seul étant dans le cœur de tous.

25 — Et je connus que c'étaient ces cieux nouveaux qu'avaient entrevus les prophètes lorsqu'ils s'écriaient : Voici venue la Jérusalem nouvelle toute brillante de clartés.

26 — Et je connus que c'était de ces cieux et de

cette terre dont le Christ parlait, lorsque découragé des maux qui étaient sur la vieille terre, et de l'ignorance et de l'ingratitude des hommes, il disait : mon royaume n'était point de ce monde. Son royaume était là.

27 — Et je connus aussi les mystères qui avaient enfanté ces cieux et cette terre, et je connus que la terre ancienne était ressuscitée de sa destruction ainsi que toute chose renaît de sa mort, et que c'était sa vie qui, purifiée parce que toute destruction et toute douleur purifient, était remontée vers le ciel et avait animé un monde nouveau.

28 — Et je connus aussi que les hommes qui vivent en ce monde nouveau, étaient ceux qui avaient, par une loi dont je ne sais point le mystère, souffert et expié sur l'ancienne terre, et qui détruits par la mort universelle avaient repris naissance en des corps glorieux et en la félicité.

29 — Et je vis tous ceux qui avaient été grands sur la terre par la justice et par la sainteté, et je les reconnaissais à cause de la beauté qui était sur leur corps et du rayonnement qui s'échappe de toute âme heureuse.

30 — Et ceux qui avaient souffert, qui avaient été livrés à l'injustice et à la condamnation des hommes venaient après ceux-là, et je les reconnaissais comme les premiers, car ils étaient comme épuisés par les langueurs de la félicité.

31 — Et ceux qui avaient péché, mais qui avaient cependant trouvé miséricorde dans l'amour universel du Seigneur, je les reconnaissais aussi. C'étaient ceux-là qui montaient vers les temples pour prier et peut-être pour se repentir encore. Leur joie était

grande, mais elle n'était point comparable à celle de ceux qui avaient été justes ou qui avaient souffert.

32 — Et je vis aussi beaucoup de femmes et beaucoup d'enfants, et elles avaient une beauté presque divine et les petits enfants étaient pleins de grâces.

33 — Et mon âme se ravissait en ces visions et je tendais mes mains pour que le Seigneur m'appelât vers ces demeures.

34 — Et alors je vis une femme qui était à mon côté et elle dit cette seule parole : Mon enfant ! Et je reconnus ma mère.

35 — Et m'ayant baisé avec tendresse, elle me releva. Et je vis que son corps était lumineux et fai d'une sorte d'ombre comme la vapeur.

36 — Et elle me dit : Je t'attends !

37 — Et tout disparut. .

38 — Et je me retrouvai sur la terre aride et déserte.

II

1 — Et m'étant recueilli, j'écrivis ces visions de mon Dieu.

2 — Et j'ai été publier et enseigner ces choses au milieu des hommes, ainsi que le Seigneur Dieu me l'avait ordonné.

3 — Et je ne crains aucun des maux qui sont sur

la terre, parce que l'esprit du Seigneur a été sur moi et il sera toujours ma vérité et ma force.

4 — Et je ne désire point que ma parole sème les contestations et les inimitiés parmi mes semblables, mais seulement la concorde et la paix. Car le Dieu que j'annonce est le Dieu de paix, et les temps où seront son royaume ne viendront que par la paix.

5 — Et si quelqu'un m'appelle menteur, qu'il soit pardonné par Dieu ; car ce n'est point mon esprit qui est dans ma parole, mais l'esprit de Dieu, par qui j'ai reçu l'inspiration, et ce n'est point moi qui ai menti, mais la vérité.

6 — Et si la douleur m'est envoyée par le Seigneur à cause que je lui ai obéi, bénédiction lui en soit rendue, car c'est la douleur qui purifiera en moi ce qui n'a point été purifié par l'esprit.

7 — Et si le Seigneur veut que ma douleur serve à l'édification de mes frères, car Dieu ne sème le grain que dans la terre déchirée, et la vérité que dans le martyre, qu'il en soit encore béni, car je sais que la mort est proche et qu'après la mort est la résurrection.

8 — Et je supplie ceux qui liront ces paroles d'avoir foi, crainte et amour au Seigneur leur Dieu et le mien, car l'avenir qui m'a été révélé ne tardera point.

9 — Je supplie ceux qui font le mal, la guerre, le vol, l'injustice, de se recueillir et de se corriger, car ils attirent sur la terre des torrents de calamités ; je supplie aussi ceux qui vivent dans la paix et dans l'amour de Dieu et de leur prochain, et dans les bonnes œuvres de la charité, d'avoir confiance et de

fortifier leur cœur, car ils dépasseront les temps de la malédiction et seront récompensés même sur cette terre par le Seigneur Dieu.

10 — Je supplie les rois et les souverains et les chefs de peuples de gouverner les faibles avec douceur, miséricorde et amour, d'écarter d'eux les maux de la guerre, et tout ce qui peut diviser et semer la haine contre les hommes. Je supplie les faibles de ne point se révolter contre les forts. Car toute révolte est maudite de Dieu comme toute oppression.

11 — Je supplie tous les chrétiens, ceux qui croient que le Christ est venu en ce monde pour nous sauver, de prier que sa religion soit prêchée, connue et aimée par toute la terre, dans sa simplicité divine et dans son amour.

12 — Et je supplie aussi le Seigneur notre Dieu d'écarter ou d'éloigner de nous les maux qui nous menacent, et que la bonne volonté des hommes lui soit pour cela en aide, et de devancer à cause de sa grande miséricorde les temps meilleurs qu'il nous a promis.

13 — Que la bénédiction du Seigneur Dieu soit sur vous tous et pendant toute l'éternité.

PROPHÉTIE

SUR LA FRANCE

---

1 — Esprit de l'homme, prophétise de nouveau. Que vois-tu ?

2 — Je vois un désert, une brume épaisse est sur la terre, j'ai froid.

3 — Je vois trois femmes maigres, pâles et âgées. Elles échauffent leurs mains ridées autour d'un feu d'herbes sèches.

4 — Pauvre femme, qui es-tu et où vas-tu ?

5 — Je suis la RUINE. — Je vais où me mène la justice de Dieu.

6 — Pauvre femme, qui es-tu et où vas-tu ?

7 — Je suis la FAIM. — Je vais comme ma sœur où me mène la justice de Dieu.

8 — Pauvre femme, qui es-tu et où vas-tu ?

9 — Je suis la PESTE. — Je vais où passent les haines et les guerres, et les crimes des hommes. Je vais avec mes sœurs où me mène la justice de Dieu.

10 — Et la première s'étant levée, dit : Mes sœurs, venez.

11 — Et elles dispersèrent du pied les restes du foyer, s'agenouillèrent tristes, et ayant prié elles partirent.

12 — Et elles marchaient lentement toutes trois, et en silence, comme si une grande pensée ou une grande douleur était dans leur esprit.

13 — Et un vent violent s'éleva, et la brume fut aussitôt dissipée, et je vis la terre immense.

14 — Et le long d'un chemin sans fin marchaient les trois femmes, à égale distance l'une de l'autre.

15 — Et je reconnus mon pays, et ses campagnes, et ses cités. Et je tremblai dans mon cœur.

16 — Et l'une des vieilles femmes se sépara de ses deux sœurs et elle marcha seule. Les autres s'assirent sur le bord du chemin et elles demeurèrent immobiles et dans le silence.

17 — Et le regard de mon esprit chercha la femme qui était partie, et je reconnus que cette femme était celle qui avait dit : Je suis la RUINE.

18 — Et je vis une cité immense, avec ses palais, ses temples, ses places, ses rues spacieuses, ses jardins, son bruit et ses flots d'hommes, et je reconnus cette cité.

19 — Et sous ses portes passaient des chars rapides et beaucoup d'hommes, de femmes et d'enfants, et ils semblaient insouciants et heureux.

20 — Et la vieille femme s'était arrêtée, et se tournant vers ceux qui passaient, elle leur tendait à tous sa main ridée ; mais chacun se détournait avec dégoût et nul ne lui donnait.

21 — Et je vis cependant passer une jeune fille et un enfant, et ils semblaient pauvres.

22 — Et la jeune fille dit à l'enfant : Donne ; et elle mit une petite pièce de monnaie dans la main de l'enfant.

23 — Et l'enfant s'étant approché de la vieille femme, lui remit l'aumône.

24 — Et la vieille femme élevant l'enfant dans ses bras, dit : **TU SERAS L'HOMME NOUVEAU**, et elle le baisa au front.

25 — Et elle dit à la jeune fille : Tu te nommeras **CHARITÉ**, tu seras la mère d'un grand peuple, et tous tes enfants seront bénis de Dieu. Allez ! moi aussi, je vous bénis !

26 — Et ayant passé les portes, elle entra dans la ville, et je voyais qu'elle s'arrêtait devant chaque palais et qu'elle les marquait du doigt comme avec du sang.

27 — Puis elle alla aux portes des maisons des riches et elle les marqua de même ; puis elle alla aux portes des maisons des pauvres, et là elle s'agenouillait et pleurait.

28 — Et étant montée sur un lieu élevé qui domine la cité, elle tendit les deux mains vers le ciel et dit : Justice de Dieu, venez !

29 — Et peu à peu je vis les rues de la cité qui se vidaient, les hommes et les femmes qui passaient, pâles, tristes et comme découragés.

30 — En aucun palais, en aucune demeure on n'entendait plus ni danses, ni fêtes, ni festins; on venait et on s'en allait furtivement et comme se cachant du regard de Dieu, et une grande calamité était sur tout le peuple.

31 — Plus de chars bruyants, plus de vêtements somptueux, plus de luxe, plus de débauches, plus de plaisirs.

32 — Plus de richesses étalées pour tenter le regard et les désirs des hommes; la nuit, plus de ces lumières qui illuminent les cités comme les étoiles illuminent le ciel. La douleur et l'approche de la mort étaient sur toutes choses.

33 — Et la pauvreté n'était pas seulement dans la maison du riche, mais elle était plus grande encore dans celle du pauvre, car le Seigneur, lorsqu'il frappe les hommes, les frappe tous.

34 — Et je vis qu'auprès de la première femme en était venue une autre. Et je reconnus celle qui avait dit : Je suis la **FAIM**.

35 — Et toutes deux s'embrassèrent en une longue étreinte, puis elles s'assirent sur une pierre renversée et demeurèrent dans le silence.

36 — Puis je vis la troisième femme qui gravissait la montagne et, s'étant unies, elles se tinrent debout.

37 — Et j'entendis des cris dans toute la cité et jusque dans les campagnes lointaines qui l'entourent.

38 — Et je vis au-dessus des trois femmes un ange noir qui avait les ailes étendues, mais qui ne volait pas.

39 — Et il battait seulement, de temps à autre, ses longues ailes, comme font les vautours sur leur proie.

40 — Et l'esprit de Dieu me dit : Voilà la **MORT**.

41 — Et j'entendis la création tout entière entrer dans une grande angoisse, et je vis la femme qui était arrivée après les autres et qui avait nom la **PESTE** se lever et dire à l'ange : Volez !

42 — Et aussitôt toute la terre entra en langueur et tout ce qui vit dans l'eau et au fond des eaux.

43 — Et les sèves de la terre tarirent, et les sources qui sont dans son sein séchèrent, et d'autres devinrent brûlantes et empoisonnées. Et dans l'air était aussi la mort, mais on ne la pouvait voir.

44 — Et à plusieurs heures du jour il s'élevait des vents chauds qui venaient de je ne sais où, et ils portaient des nuées invisibles et ils semaient la mort sur toute chose.

45 — Et durant la nuit à peine voyait-on la lumière des astres, et d'autrefois elle devenait rouge comme le sang ou pâle comme le crépuscule d'hiver, car des

vapeurs dont les hommes ne savaient point le nom étaient entre la terre et les cieux.

46 — Et je vis les fruits de la terre sécher sur leurs branches, dévorés de fléaux mystérieux ; et je vis les semences de l'homme pourrir dans le sol et refuser leur moisson, et je vis la vigne arrêter sa sève et son grain tomber avant le temps.

47 — Et en beaucoup de fruits de la terre épargnés jusque-là par le Seigneur étaient la maladie et la mort.

48 — Et de même entraient dans la maladie et la mort les animaux qui sont sur la terre, surtout ceux qui servent à la nourriture des hommes, et ils mouraient d'un mal inconnu et en de grandes souffrances.

49 — Et nul ne les pouvait guérir, et ainsi était la volonté de Dieu.

50 — Et de leur mort s'élevaient des vapeurs vivantes qui empoisonnaient l'air qui est au-dessus de la terre et jusques aux eaux qui donnent la vie.

51 — Et les poissons flottaient au-dessus des eaux, et les oiseaux tombaient de l'air languissants.

52 — Et les hommes n'étaient point encore frappés, car le Seigneur avait dit : J'attendrai. Car la miséricorde du Seigneur est grande pour les hommes.

53 — Mais les hommes continuaient d'oublier le Seigneur, et beaucoup le maudissaient à cause de ces maux.

54 — Et d'autres disaient : Inventons comment nous vaincrons les fléaux de Dieu. Et ils ne disaient pas : Humilions-nous et prions. — Car la pensée de Dieu n'était point sur eux.

55 — Et alors, je vis l'ange noir dans le lointain des nuées : il volait rapide, et s'étant arrêté, je vis qu'une grande cité était au-dessous de lui, et je reconnus cette cité.

56 — Et je vis que tous les hommes étaient dans le désordre et la haine, que tous s'enviaient et tentaient de se nuire, qu'il n'y avait aucune miséricorde ni aucun amour de Dieu dans les cœurs, et que ce peuple n'était point corrigé.

57 — Et une grande douleur se fit dans mon esprit, car je compris que la justice de Dieu était proche.

58 — Et je vis l'ange noir qui descendait vers la cité, et étant arrivé au lieu où étaient les trois femmes, il demeura debout et les ailes pliées, et une grande tristesse était sur son visage.

59 — Et étendant lentement les ailes et tenant les mains levées il cria : **MORT HUMAINE, DESCENDS.**

60 — Et un souffle se fit dans le ciel, et ce souffle couvrit la terre tiède et âcre.

61 — Et les hommes, les femmes et les enfants qui respirèrent ce souffle moururent. Et les maisons et les rues étaient pleines de cadavres, et les champs devenaient des cimetières.

62 — Et le Seigneur eut enfin pitié, et il dit : Assez ! et je vis les trois femmes qui descendaient la monagne, et l'ange s'envola.

II

1 — Et je dis au Seigneur :

2 — Seigneur, n'est-il donc plus possible de détourner ces maux de mon pays.

3 — Et le Seigneur dit : Que ton peuple se convertisse.

4 — Et je dis au Seigneur :

5 — Seigneur, que faut-il que fasse mon peuple ?

6 — Et le Seigneur me répondit de nouveau :

7 — Que les hommes de ton peuple ne se fassent plus la guerre, ni entre eux, pour leurs maîtres ou leurs rois, ni entre les peuples pour leurs vengeances. Car j'ai semé la ruine et la mort de ton pays dans la guerre.

8 — Que chaque homme arrache donc toute haine et toute division de son cœur, mais que chacun se pardonne, s'entr'aide, se supporte et s'aime.

9 — Que ceux qui sont les chefs de ton peuple ne s'entourent plus d'armées comme par le passé, car j'enfanterai d'autres armées pour les détruire et je

mêlerai de nouveau beaucoup de peuples dans leur sang.

10 — Car ce sont les armées qui attirent la défiance et la guerre, car il n'est point naturel que nul homme haïsse celui qui l'aime, et non plus nul peuple.

11 — Qu'ils ne s'entourent point de villes fortes et de limites comme par le passé, car le temps est venu de détruire toute force et toutes limites, et de faire de tous les peuples une famille et de toute la terre un pays.

12 — j'ai uni toute chose par la matière, comment diviserais-je toute chose par l'esprit ?

13 — Et j'ai dit à tous les hommes et à tous les peuples : Mêlez-vous et unissez-vous. — Et je leur ai appris à abaisser les montagnes et à combler les vallées ; et j'ai dit au feu et à l'éclair : Obéissez ! Et il n'y a plus de limites pour les hommes à travers le monde, et comment les aurais-je unis en toutes choses sans les vouloir unir par l'esprit.

14 — Et comment les unirais-je par l'esprit, si non en la Charité, en la Concorde et en l'Amour ?

15 — Qu'ils ne fassent plus et n'inventent plus d'armes pour la destruction, car ils retourneraient la mort contre eux-mêmes. Que le fer creuse la terre pour la féconder, et non la chair des hommes pour la détruire.

16 — Que chaque homme et chaque femme apprenne donc à son petit enfant non à haïr, mais à aimer, car en cette génération sera ma justice.

17 — Que les grands aiment les petits, que les riches aiment les pauvres, mais de même que les petits aiment les grands et les pauvres les riches, et ainsi l'égalité, la justice et le bonheur se feront d'eux-mêmes sur la terre.

18 — Et si ton peuple n'accomplit point ces commandements et s'il persiste à aimer la division, la vengeance et la guerre, et s'il se reforme de nouveau en innombrables armées, et s'il s'entoure de forteresses et de défiances, et s'il appelle les autres peuples à la lutte, et s'il n'élève point ou ne fait point élever ses enfants dans l'amour de tous, et ne se convertit, ma malédiction sera sur ton peuple.

19 — Et je l'aveuglerai une dernière fois et le précipiterai dans la mort.

III

1 — Et l'esprit du Seigneur m'ayant transporté sur la même montagne où étaient venues les trois femmes et l'ange, je vis la GRANDE CITÉ à mes pieds.

2 — Et elle était dans une grande langueur et accablement. Et cependant je connus que rien n'était changé dans le cœur des hommes et que les coups du Seigneur ne les avaient point encore corrigés.

3 — Et je vis beaucoup de ruines, beaucoup de maladies, beaucoup de malheurs et beaucoup de misères, et il y avait comme le poids de la main de Dieu sur toute la cité.

4 — Et il n'y avait plus de roi, mais beaucoup d'hommes qui étaient des rois, et ils étaient tous divisés entre eux ; et se combattant avec des paroles de haine, ils semaient ainsi la division parmi le peuple.

5 — Et ceux qui étaient les chefs de ces hommes disaient : Nous referons glorieuse la cité. Et d'autres, qui étaient des chefs aussi, pensaient dans leur cœur : Nous la détruirons.

6 — Et les premiers disaient encore : Nous nous entourerons d'armées et de défenses, et nul ne prévaudra contre nous. Et les autres pensaient : Nous dirons au peuple : Sois notre armée et notre défense, et nous détruirons toute autorité de dessus la terre.

7 — Et tous étaient dans l'aveuglement et la confusion, car ils divisaient le peuple en deux parts et au lieu de s'aimer et de s'unir, ils s'outrageaient et se haïssaient. Et je compris que la malédiction du Seigneur était encore sur cette cité.

8 — Et derrière ces hommes, j'en vis plusieurs autres qui se cachaient et qui guettaient, ainsi que les bêtes féroces font pour leur proie, et j'entendais leur pensée, et ils étaient dans une grande joie, car ils savaient que de la division des hommes devait revenir leur force, et de la faiblesse de chacun leur autorité, et je sentis en mon cœur un grand dégoût de toutes ces choses.

9 — Et en aucun de ceux qui conduisaient le peuple n'était cette pensée : Pardonnons-nous et aimons-nous.

10 — Et je dis au Seigneur : Seigneur, emporte-

moi de cette montagne et que je ne voie point tes calamités.

11 — Mais je sentis comme la main du Seigneur sur mon esprit.

12 — Et ayant regardé vers le ciel pour prier, je vis une petite vapeur à l'Orient, et elle s'approchait et grossissait avec rapidité, et elle était rouge comme le sang et comme le feu.

13 — Et bientôt une partie du ciel en fut assombrie et on eût dit le reflet d'un incendie immense.

14 — Et peu à peu la vapeur se dissipa et je voyais qu'il tombait sur la cité un brouillard de sang.

15 — Et cependant nulle trace de ce sang ne demeurait ni sur les demeures, ni le long des places et des rues, ni sur les vêtements des hommes, ni sur aucune chose qui se vit, mais elle s'arrêtait sur le cœur des hommes.

16 — Et le ciel étant redevenu limpide et bleu, je vis une grande agitation dans la cité, et le long des places et des rues une grande foule de peuple et de soldats.

17 — Et tout à l'entour de la cité jaillirent des éclairs et des tonnerres, et des fumées blanches montèrent vers le ciel et toute la montagne en était entourée.

18 — Et au fond de la cité était un bruit étrange et terrible, comme le pétillement lointain d'un incen-

die, et aussi des fumées montaient, mais lourdes et épaisses. Et je ne vis plus rien.

19 — Et je criai encore vers le Seigneur : Seigneur, emporte-moi de cette montagne.

20 — Et un grand vent se leva, et la fumée fut de nouveau dissipée.

21 — Et je vis la GRANDE CITÉ déserte et abandonnée. Et il n'y avait plus ni palais, ni temples, ni demeures des hommes, mais des monceaux de ruines d'où montait un air chaud et infect.

22 — Et nul ne se voyait à travers ces ruines : ni vivants, ni morts, et nul bruit non plus ne s'entendait, hors de temps à autre, le grésillement d'un feu qui se ranimait sous le vent, ou l'effondrement d'un édifice élevé qui croulait.

23 — Et le Seigneur me dit : Descends de la montagne et va vers la cité.

24 — Et j'obéis au Seigneur; et comme j'errais triste et priant à travers les ruines, je vis deux hommes pâles et blessés, et dont les vêtements étaient en lambeaux, et qui se traînaient dans les décombres et se cherchaient.

25 — Et je sentis une grande pitié dans mon cœur, et comme j'allais vers eux, l'esprit de Dieu me dit : Demeure.

26 — Et l'un de ces hommes avait sur le front une couronne d'or brisée, et à la main un sceptre dont il

s'aidait; et on voyait que ses vêtements avaient été somptueux, mais qu'un feu ardent les avait ternis.

27 — Et l'autre, qui était blessé au cœur et au front, était couvert de haillons souillés de sang et déchirés. Il s'aidait d'un fer informe et tordu; son visage était pâle, épuisé, mais dans ses yeux était la haine.

28 — Et ces deux hommes s'étant joints, je les vis s'embrasser et s'étreindre avec fureur, puis ils poussèrent tous deux et en même temps un grand cri et ils tombèrent.

29 — Et le Seigneur me dit : Va à ces hommes.

30 — Et m'étant approché, je vis qu'ils étaient morts : et ayant ouvert leurs vêtements à l'endroit du cœur, j'y vis deux cercles de fer.

31 — Et sur le cercle qu'avait le premier homme, je lus écrit : ROI ; — et sur le cercle qu'avait le second je lus écrit : PEUPLE.

32 — Et je compris le mystère de la vision.

IV

1 — Et l'esprit du Seigneur m'emporta dans une plaine immense et inculte.

2 — Et il n'y avait sur cette plaine ni arbres, ni plantes, ni herbes, ni moissons d'aucune sorte, mais une terre sèche et grise comme la cendre.

3 — Et un soleil ardent et lourd était sur cette terre.

4 — Et je vis venir un homme âgé, qui menait une charrue, et deux bœufs maigres qui marchaient lentement et avec grande peine.

5 — Et je vis encore venir d'autres laboureurs de différents côtés de la plaine, et tous travaillaient en silence.

6 — Et je vis que de temps à autre ils jetaient un peu de grain dans le sillon ; mais je me disais : A quoi bon, cette terre est aride.

7 — Et le soir étant venu, l'homme âgé et les autres laboureurs s'en retournèrent, et la plaine demeura déserte.

8 — Et je sentis qu'avec le soir était venue une douce fraîcheur, et je m'endormis.

9 — Et le Seigneur m'ayant éveillé, je vis devant moi la même plaine, mais elle était toute couverte d'une moisson verte et abondante, et je vis qu'il n'était encore qu'une des premières heures du jour.

10 — Et j'interrogeai en moi-même le Seigneur, et le Seigneur me dit :

11 — L'homme sème toute vérité en la terre aride. Moi seul suis la fécondité ; j'envoie la rosée à la terre et la grâce à l'esprit.

12 — Fils de l'homme, laboure et sème. Aujourd'hui la terre est cendre, demain elle sera limon ;

aujourd'hui le grain semblera mort, demain il sera l'épi.

13 — Et le Seigneur me fortifia.

14 — Et il me dit encore : La plaine aride, c'est la France ; les laboureurs, ce sont ceux qui travaillent à mon œuvre ; le sillon, c'est la pensée ; le grain, c'est l'amour : la moisson, c'est la félicité de la terre.

15 — J'ai déchiré ton pays et je l'endormirai dans la mort, mais en le châtiant je l'ai béni, car de lui renaîtront : La VIE, la VÉRITÉ et l'AMOUR.

PROPHÉTIE SUR L'ÉGLISE

1 — Et le Seigneur Dieu me dévoila encore d'autres mystères.

2 — Je me trouvai en un temple magnifique, mais en ruines. Des lierres et des plantes de toutes sortes montaient le long de ses colonnes renversées. Les autels étaient brisés, et des saints de marbre qui s'étaient détachés semblaient dormir sur les dalles comme sur des tombeaux.

3 — Et au-dessus du temple qui n'avait plus de voûte on voyait le ciel, dôme des temples divins.

4 — Et comme c'était le soir, toutes les étoiles brillaient et l'astre qui éclaire les nuits se levait de l'Orient, et peu à peu le temple entrait en une douce lumière.

5 — Et on n'entendait nul bruit, si ce n'est le murmure léger du vent entre les colonnes et les ruines, et l'air était plein de fraîcheur et d'embaumement.

6 — Et la lune étant montée au-dessus du temple, il se fit comme un jour brillant, et je vis que le temple était vaste et que les hommes l'avaient bâti splendide et digne du Seigneur.

7 — Et une nuée blanche étant passée dans le ciel, la lune se cacha et toute chose rentra dans l'ombre. Et m'étant agenouillé près d'un autel brisé sur lequel était une croix, je priai.

8 — Et m'étant relevé, et la nuée qui était dans le ciel ayant passé, je vis un vieillard qui se relevait ainsi que moi, et s'approchant il dit : Mon fils, demeurons ici.

9 — Et s'étant assis, je demeurai debout devant lui ; car je ne sais quoi de divin était sur cet homme.

10 — Et il dit : DIEU SEUL EST DIEU ! Et ses deux mains s'élevèrent lentement vers le ciel, puis son regard, et je vis qu'il priait.

11 — Et ayant prié et abaissé les mains, il dit de nouveau : Mon fils, va au milieu des hommes, et dis-leur que Dieu seul est Dieu.

12 — Et il vit que je ne pouvais comprendre, et s'étant levé, il me posa les mains sur le front, et je sentis comme une lumière qui venait sur mon esprit.

13 — Et il dit : Mon fils, toute religion de la terre va mourir ; car dans toute religion de la terre il y a ce qui est à l'homme et ce qui est à Dieu, et le Seigneur va vanner sa vérité comme le laboureur vanne son grain dans son aire.

14 — Et il va détruire ce qui est de l'homme et réédifier ce qui est de Dieu. Et il va faire un temple nouveau à la vérité, non avec des pierres, du marbre et de l'or, mais avec le cœur même des hommes.

15 — Et à cause de cela il y aura de grands tumultes d'esprits sur la terre, et une haine et une confusion entre toutes les religions, et beaucoup de persécutions et de martyrs.

16 — Et aussi il y aura de grands aveuglements sur les esprits, et Dieu cachera les abîmes sous les pas des méchants, et ils y seront précipités en grand nombre, et le Seigneur ainsi purifiera ses cultes, et d'autres seront éclairés et fortifiés.

17 — Va, et crie aux religions qui sont sur la terre : Préparez-vous à mourir : car voici venir le Seigneur DIEU SEUL, et il va partager ce qui est de lui et ce qui est de l'esprit de l'homme, et ce qui est de LUI SEUL demeurera.

18 — Et le temps est proche où il n'y aura plus d'églises sur la terre, ni de cultes différents les uns des autres, ni plusieurs croyances, ni plusieurs prières, ni plusieurs devoirs. — Mais il n'y aura plus qu'une seule VÉRITÉ, qu'une seule FOI, une seule VERTU, un seul SALUT et une seule EGLISE.

19 — Car tout ce qui est divisé dans la foi n'est point de Dieu, et tout ce qui est uni est de Dieu.

20 — Et il n'y aura plus d'hommes qui diront : nous lions et nous délions seuls au nom de Dieu. Car il n'y aura plus de condamnation parmi les hommes ; ni d'autres qui diront : Nous sommes seuls la vérité et la justice. Car la vérité et la justice seront à tous.

21 — Et il y aura un seul Pape, et une seule Eglise sur la

terre, mais ce Pape ne se fera point l'image de Dieu, mais le premier de ses serviteurs ; et cette Eglise ne se fera point la bénédiction des uns et la condamnation des autres. Mais elle sera le temple de tous.

22 — Va, et crie aux hommes : les temps sont proches où toute foi va être purifiée, et où le Seigneur va se faire visible pour ceux qui le cherchent.

23 — Car le Seigneur est Amour. Et toute loi du Seigneur n'est qu'Amour, et tout homme qui dira : le Seigneur est Amour, aura la Vérité. Et tout homme qui aimera le Seigneur par l'amour de son âme, aura le Culte ; et tout homme qui aimera son frère au nom du Seigneur, aura la Vertu. Et tout homme qui aura aimé le Seigneur et son frère pendant la vie, aura le Salut.

24 — Et ainsi il n'y aura plus qu'une Eglise, celle où on aimera son frère pour aimer Dieu. Et ainsi toute chose et tout homme se rapprocheront de Dieu; et Dieu se rapprochera de même de tout homme et de toute chose. Et un seul amour étant sur la terre, il n'y aura plus qu'un seul Dieu. Et un seul Dieu et un seul amour étant dans le cœur des hommes, comment y aurait-il encore plusieurs Eglises.

25 — Va donc et enseigne ces choses à tes frères, et que les bons entrent dans la joie et les méchants dans la crainte, car en vérité je te le dis, ces temps sont proches et les fureurs des hommes ne prévaudront point pour les arrêter.

26 — Et je dis : Qui êtes-vous pour parler ainsi ?

27 — Et le vieillard dit : Je suis PAUL, l'apôtre.

28 — Et m'ayant béni, il s'éloigna en silence à travers les ruines.

29 — Et je sortis aussi du temple. Et je vis une grande ville, et je la reconnus : c'était Rome. Et je reconnus aussi le temple.

30 — Et je dis : O Seigneur, la mort est donc sur toutes les œuvres des hommes. Oui, toi seul es Dieu.

31 — Et aussitôt le jour brilla et au lieu de la ville déserte et du temple ruiné, je vis une cité immense et vivante, et un temple plus grand et plus beau encore que le premier.

32 — Et des flots d'hommes, de femmes et d'enfants montaient vers ce temple, et ils semblaient être de tous les peuples et de tous les pays.

33 — Et avant d'entrer tous se donnaient le baiser de paix, et ils semblaient tous heureux, et il semblait qu'il n'y avait point d'inégalités parmi eux, car on ne voyait ni misères, ni richesses.

34 — Et tous entrèrent dans le temple, et j'entendis ces paroles :

35 — O mes frères, c'est parce que vous vous êtes aimés les uns les autres, que vous aimez Dieu et que Dieu vous a aimés, et que vous êtes tous heureux.

36 — Et des chants s'élevèrent du fond du temple doux et harmonieux.

37 — Et après cela, les portes se rouvrirent et la foule s'écoula en priant.

38 — Et chacun se disait l'un l'autre : mon frère, aimons-nous et pardonnons-nous. Car c'est par l'amour que nous nous donnons les uns aux autres que nous aimons Dieu et que nous sommes heureux.

39 Et la ville entra bientôt après dans le travail, et le travail même était une félicité.

40 — Et je sentais toute mon âme inondée de joie et je dis : O Seigneur, enverras-tu bientôt cette miséricorde aux hommes ?

41 — Et le Seigneur dit : Ce sont les hommes qui font ma miséricorde ou mes châtiments. Va, et dis-leur qu'ils se convertissent.

42 — Et la vision me fut ôtée.

Bar-le-Duc. — Typographie veuve Numa Rolin, Chuquet et Cⁱᵉ.

www.ingramcontent.com/pod-product-compliance
Lightning Source LLC
LaVergne TN
LVHW050626090426
835512LV00007B/683